# Stolze Festungen und verwunschene Ruinen

Ausflüge zu Burgen in München und der Region

Süddeutsche Zeitung Edition

## Impressum

„Stolze Festungen und verwunschene Ruinen – Ausflüge zu Burgen in München und der Region"

© Süddeutsche Zeitung GmbH, München
für die Süddeutsche Zeitung Edition 2009
Reihe „Bayern entdecken"

Art Director: Eberhard Wolf
Grafik und Satz: Ines Fischer, JournalMedia GmbH
Redaktion: Daniela Wilhelm-Bernstein
Karten: Vorlagen aus Google-Earth-Ansichten
Infografik: Michael Mainka, Hanna Eiden
Produktmanager: Sabine Sternagel
Repro: JournalMedia GmbH, München
Herstellung: H. Weixler, H. Schiffers
Druck und Bindearbeiten: Kösel, 87452 Altusried-Krugzell
Printed in Germany

ISBN: 978-3-86615-685-2

# Stolze Festungen und verwunschene Ruinen

Ausflüge zu Burgen in München und der Region

Martin Bernstein
Joachim Käppner

Süddeutsche Zeitung Edition

# Inhalt

1. **Alter Hof**
   *Im Gemäuer der Philosophen*                    S. 11

2. **Blutenburg**
   *Blütenträume nach der Schlacht*                S. 23

3. **Warnberg, Aubing, Pasing**
   *Die Wächter vom Teufelsberg*                   S. 35

4. **Grünwald**
   *Geister spuken in Gewölben*                    S. 47

5. **Karlsburg**
   *Ein Schloss auf Wanderschaft*                  S. 59

6. **Roggenstein**
   *Botschaften aus der Unterwelt*                 S. 69

7. **Oberwittelsbach**
   *Wo der Königsmörder hauste*                    S. 79

8. **Haag**
   *Ein Turm, hoch wie der Himmel*                 S. 89

9. **Amerang**
   *In der Burg der bissigen Herrn*                S. 99

10. **Hohenwaldeck**
    *Steinlawine schleift Felsennest*             S. 109

# Inhalt

**11. Wartenberg**
*Des Pfirsichs Kern*                                   S. 119

**12. Kaltenberg**
*Kämpfen, brauen und bewirten*                         S. 129

**13. Werdenfels**
*Gesamtkunstwerk über dem Loisachtal*                  S. 139

**14. Stein an der Traun**
*Der wilde Heinz aus der Höhle*                        S. 149

**15. Burghausen**
*Eine Folge fürstlichen Verfolgungswahns*              S. 159

**16. Landshut**
*Auftragsmord und Fürstenhochzeit*                     S. 171

**17. Prunn**
*Alte Mär auf Wiedervorlage*                           S. 181

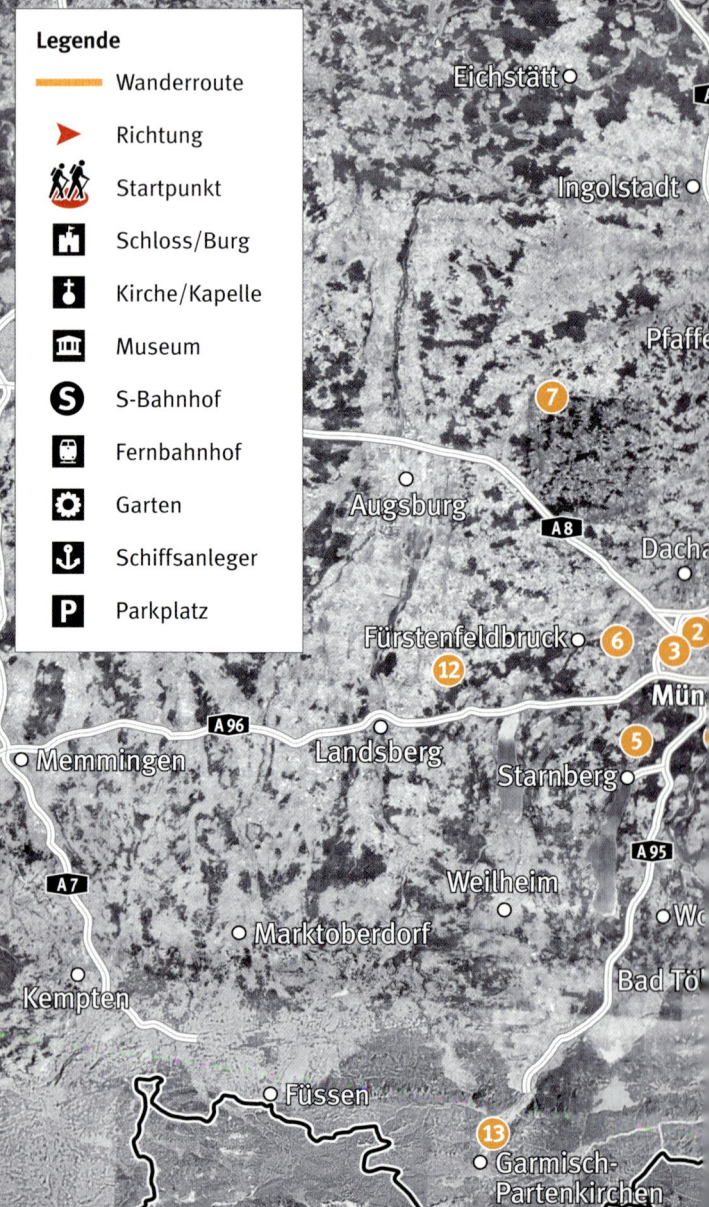

## Legende

| | |
|---|---|
| ━━━ | Wanderroute |
| ▶ | Richtung |
| 🥾 | Startpunkt |
| 🏰 | Schloss/Burg |
| ⛪ | Kirche/Kapelle |
| 🏛 | Museum |
| Ⓢ | S-Bahnhof |
| 🚆 | Fernbahnhof |
| ⚙ | Garten |
| ⚓ | Schiffsanleger |
| 🅿 | Parkplatz |

Eichstätt

Ingolstadt

Pfaffe

7

Augsburg

A 8

Dacha

Fürstenfeldbruck    6    3  2

12                          Mün

A 96

Landsberg    5

Memmingen

Starnberg

A 95

Weilheim

A 7

Wo

Marktoberdorf

Bad Tö

Kempten

Füssen

13

Garmisch-
Partenkirchen

# Vorwort

Die Liebe zur Burg ist nicht jedermann gegeben, sie lässt sich aber auf vielfältige Weise ausdrücken. Der Altmeister der Burgenkunde, Bodo Ebhardt, schwärmte zur Kaiserzeit von der „großartigen Kraftäußerung" ihrer ritterlichen Erbauer und baute, gefördert von Wilhelm II., einige Festungen gar im heroischen Stil wieder auf. Näher an der Wirklichkeit der Herausgeber dieses Buches liegt die Passage in Alois' Brandstetters schönem Roman „Die Burg", wo es über die Mühsal des Aufstiegs zur Ruine treffend heißt: „Und nicht nur einmal waren wir kurz vor dem Resignieren und wollten die Erstürmung der Burg aufgeben, bis ich mir und dem Kinderwagen aber einen Stoß gab und weitermachte und stieß und zog und drückte."

Wer Burgen, vor allem solche, die für den lieblosen Blick nur wie eine Ansammlung schwer erreichbarer Steinhaufen aussehen, besichtigen will, benötigt also ein Umfeld, das gute Miene zur Ruine macht. Dieses Buch will zeigen, dass auch in und um München zahlreiche Burgen schöne Ausflugsziele sind, nicht so spektakulär wie Schlösser und Kirchen, aber vielleicht erzählen sie sogar mehr über das Leben zur Ritterzeit.

Der erste Teil führt den Leser zu Münchens Burgen, deren großartigste, der Alte Hof, selbst vielen City-Besuchern ganz unbekannt ist, obwohl er nur wenige Schritte vom Marienplatz entfernt liegt. Im zweiten besuchen wir Burgen im näheren Umkreis der Stadt, und im dritten laden wir zu Exkursionen zu bayerischen Burgen ein, die in der Regel leicht auf einem Sonntagsausflug zu besichtigen sind.

Unser Buch ist ein Ausflugsführer, der Spaß machen soll, und kein wissenschaftliches Werk. Wer aber dadurch angeregt wird, sich mehr mit dem fesselnden Thema zu beschäftigen, sei auf Michael Weithmanns Werke „Ritter und Burgen in Oberbayern" und „Burgen in München" verwiesen. Es ist uns außerdem eine Freude, Weithmann, Bayerns führenden Burgenforscher, als Coautoren gewonnen zu haben. Wir hoffen nun, dass es dem Leser mit der Burgenfreude ergeht wie dem Künstler Franz Graf Pocci, der die schönsten Ruinen gezeichnet hat und schrieb: „Und hätt' ich an die tausend Händ/Mit Burgen käm ich nie zu End."

*Joachim Käppner und Martin Bernstein*

# Im Gemäuer der Philosophen

Vielen unbekannt und doch ein einzigartiges Zeugnis des ausgehenden Mittelalters: Der Alte Hof im Herzen der Stadt

In jenem Zeitalter, das uns heute oft zu Unrecht als das finstere erscheint, hatten die Burgen der Großen viele Bedeutungen. Sie boten hinter starken Mauern Schutz und Sicherheit und waren zugleich Orte weltlicher Prachtentfaltung, Festung und Palast in einem. Und ihr schieres Äußeres diente meist als Symbol. Die Türme der Nürnberger Kaiserburg oder der Veste Coburg, der fränkischen Krone, sind weit im Umland sichtbar, unübersehbar und stolz, als wollten und sollten

**Der stolze Turm:** Originalgebäude der kaiserlichen Burg mitten in der Münchner City.

sie sagen: Wir sind die Macht. Und dann gibt es Burgen, die heute mit dem Stadtbild verschwimmen, als scheuten sie die eigene Berühmtheit. Eine solche Burg ist der Alte Hof.

Die Residenz ist sehr nah und die edle Einkaufszeile von Dallmayr und Manufactum noch näher; oft gehen shoppende Münchner oder Touristen durch seine Tore, ohne auf ihn zu achten oder zu ahnen, welchen Ort sie da bepackt durcheilen. Und ein burgenkundiger Vater, der den vierjährigen Sohn Nicolas herführt, scheitert an diesen Mauern. Vorwurfsvoll schaut das Kind sich um und sagt: „Was für eine saublöde Burg." Das gibt es selten: Eine Burg, die man kaum sieht.

Hier aber, an der Nordostecke der Innenstadt, stand die befestigte Residenz des Herzogs von Bayern und Kaisers des Reichs, Ludwigs des Bayern. Und eigentlich steht sie ja auch noch, wenn auch ohne Zinnen und romantische Ruinen. Erhalten beziehungsweise wieder aufgebaut sind das Burgtor mit dem trutzigen, hochragenden Turm und die Wohngebäude im Süden und Westen, Burgstock und Zwingerstock.

**Ort vieler Anekdoten:** Der schöne Erker von innen gesehen.

# Alter Hof

Am Burgstock ist der Af-
fenturm zu sehen, ein ver-
spieltes Erkertürmchen,
aus dem einst, so will es
die Legende, ein zahmer
Affe ein Baby aufs Dach
verschleppte. Mit seltsam
starrem Blick habe das
Tier auf die erregte Men-
ge im Burghof hinunter
geblickt, um dann plötz-
lich – unten ein Aufschrei
– zurückzuklettern und
das Kind in die Wiege zu-
rückzulegen. Das Kind sei
selbstredend kein anderer
als Ludwig der Bayer ge-
wesen. Das ist eine hüb-
sche Anekdote, die auch
hübsch bleibt, wenn man
weiß, dass der Affenturm
erst 1470 gebaut wurde,
mehr als 130 Jahre nach
dem Ableben des Kaisers.

**Der legendäre Affenturm:**
Außenansicht des präch-
tigen Erkers.

    Ludwig der Bayer. Krieger, Ritter, Philosoph,
ein Mann, der seiner Zeit weit voraus war und
doch als allerletzter seiner Art die Glorie einer
schwindenden Epoche verkörperte, jene der
großen Kaiser, als die deutschen Rittergeschlech-
ter der Salier und Staufer als weltliche Gewalt
den Papst bekämpften, die Vorherrschaft über

die westliche Christenheit beanspruchten, das Erbe Roms im Namen führten. „Jedem mann ein Ey, dem Schweppermann aber zwei", lernten die Kinder früher in der Schule; mit diesem Satz belohnte Ludwig nach der Ritterschlacht von Mühldorf 1322 seinen tapfersten Gefolgsmann, mit dieser Schlacht begann sein Aufstieg bis auf den Kaiserthron. Dass er den Sieg in diesem Gemetzel auch den treffsicheren Münchner Armbrustschützen (an die bis heute das Armbrustschützenzelt auf der Wiesn erinnert) verdankte, deren Bolzen einen Brustpanzer glatt durchschlugen, hat er den Bürgern nie vergessen.

Unter ihm blühte München auf, reich ausgestattet mit Rechten und Privilegien. Anders als seine Vorgänger wurde Ludwig kein reisender Kaiser, dessen Route ihn quer durch das Reich führte. Er residierte in München, der Gründung Heinrichs des Löwen, einer rasch wachsenden und prosperierenden, von starken Mauern geschützten Stadt.

Setzt man sich heute an den Brunnen unter der Linde im Burghof, braucht man nicht viel Phantasie, um sich die kaiserliche Hofhaltung im Herbst des Mittelalters vorzustellen. Der Alte Hof hat noch dieselben erstaunlich bescheidenen Maße, ein

Stolze Festungen und verwunschene Ruinen

Viereck, kleiner als ein moderner Geschäftsblock in der City. Um ihn herum gruppierten sich die Wohngebäude, nach außen sicherten ihn Gräben und zinnenbewehrte Mauern, eine beengte Stadtfestung, ein „castrum", wie es 1319 heißt. Die Gebäude im Osten und Norden, entlang der ersten Stadtmauer, sind längst verschwunden. 1816 wurde liebloserweise die Lorenzikirche ab-

**Burg in der Stadt:** Sepia-Aquarell des Alten Hofs von Carl August Lebschée, 1869.

gebrochen, in der Ludwig die Reichskleinodien aufbewahren ließ.

Der Rest verschwand im Bombenkrieg. Die modernen Gebäude, die nach 2001 hier entstanden, zeigen uns heute, dass Architektur nicht so stumpfsinnig sein muss wie in Münchens Neubaugebieten. Hell und licht, kühl und klar begrenzen sie die Burg auf der alten Grundlinie und vollenden sie in erfreulicher Harmonie. Lässt man sie im Rücken und schaut auf den alten Teil, sieht man den Alten Hof in all seiner turmbewehrten Pracht.

Der Hof war von Beginn an, seit 1158, die Stadtburg, nach außen wie zur Stadt hin eine Festung für sich. Die Burgstraße, schon gepflastert, führte zum Eingangstor, das, wie damals üblich, durch Gräben, Zugbrücke und Fallgitter gesichert war. Noch in Jakob Sandtners

**Unter ihm blühte München auf:** Reiterstandbild Ludwigs des Bayern von Ferdinand Miller.

**Tragende Balken:** Der mittelalterliche Dachstuhl im Alten Hof.

berühmtem hölzernen Stadtmodell von 1570 sind Zinnen und Wehranlagen erkennbar. Küchen, Kirche, Gästehäuser und Gärten aber entstanden unter dem Kaiser. Hier, mitten in einer vergleichsweise jungen und noch hinterwäldlerischen Stadt, hielt er Hof, philosophierte mit den führenden Gelehrten seiner Zeit über das Wesen des Christentums und seiner Ideale: Wilhelm von Occam, Marsilius von Padua, Michael von Cesena. „Verteidige Du Dich mit dem Schwert, ich verteidige Dich mit der Feder", soll der englische Mönch Wilhelm von Occam dem Kaiser gesagt haben, und in dieser Lehre der Trennung von Glaube und Wissen, Kirche und weltlicher Macht sieht man schon das Abendland Kontur annehmen, den Wert und die Selbstverantwortung des einzelnen Menschen gegenüber den universalen, auch totalitären Ansprüchen der Religion. Kein Wunder, dass Kaiser Ludwig das nach Avignon ausgewichene Papsttum noch einmal aufs Äußerste herausforderte.

Ludwig starb bei einem Jagdunfall 1347. Er hinterließ zwei Dinge. Erstens ein politisches Erbe, das Bayern bis in die Gegenwart prägt und viel Unheil über das Land brachte: die Neigung nämlich, sich zu Höherem berufen zu fühlen, zur Ordnungsmacht, zur Führung des Reichs; dies aber ist, nach Ludwig, nie wieder gelungen. Und zweitens den Alten Hof, der ohne Kaiser die Funktion des höfischen Zentrums verlor und im Münchner Stadtbild herumstand wie ein altes sperriges Möbel, zu groß, um es zu entfernen, zu groß, um es sinnvoll zu nutzen. Die Schedelsche Weltchronik von 1492 berichtet noch anerkennend von „einem fürstlichen Hoff und Behausung mit viel hübschen und wunderwirdigen Gemachen, Camern und gewelben". Doch bald lief ihm die Residenz den Rang ab, es blieben im alten Haus Bierkeller und subalterne Behörden darin hausen, zuletzt das Finanzamt. Jetzt aber, nach dem umstrittenen Umbau, der wie alles in München viel Ablehnung erfuhr, ist der Alte Hof wieder wer. Man muss nur einmal genau hinsehen.                    *Joachim Käppner*

# Alter Hof

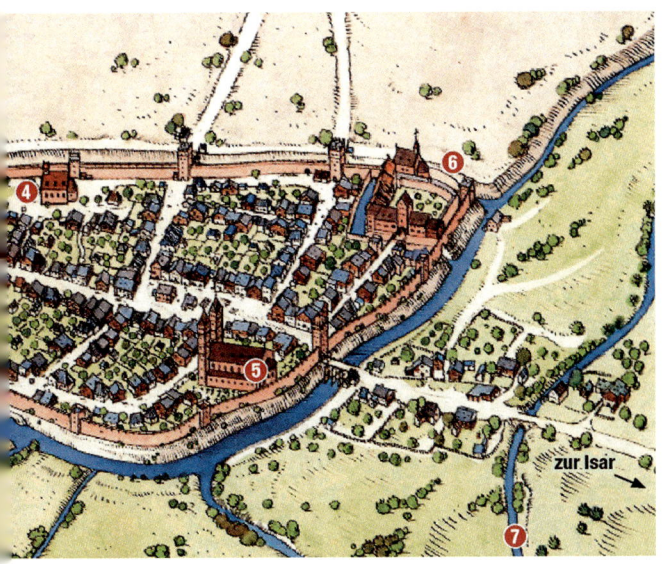

**Festung mit starken Mauern:** Der Alte Hof (rechts oben) um 1200.
Relativ realistischer Rekonstruktionsversuch von Karl Lange, 1940.

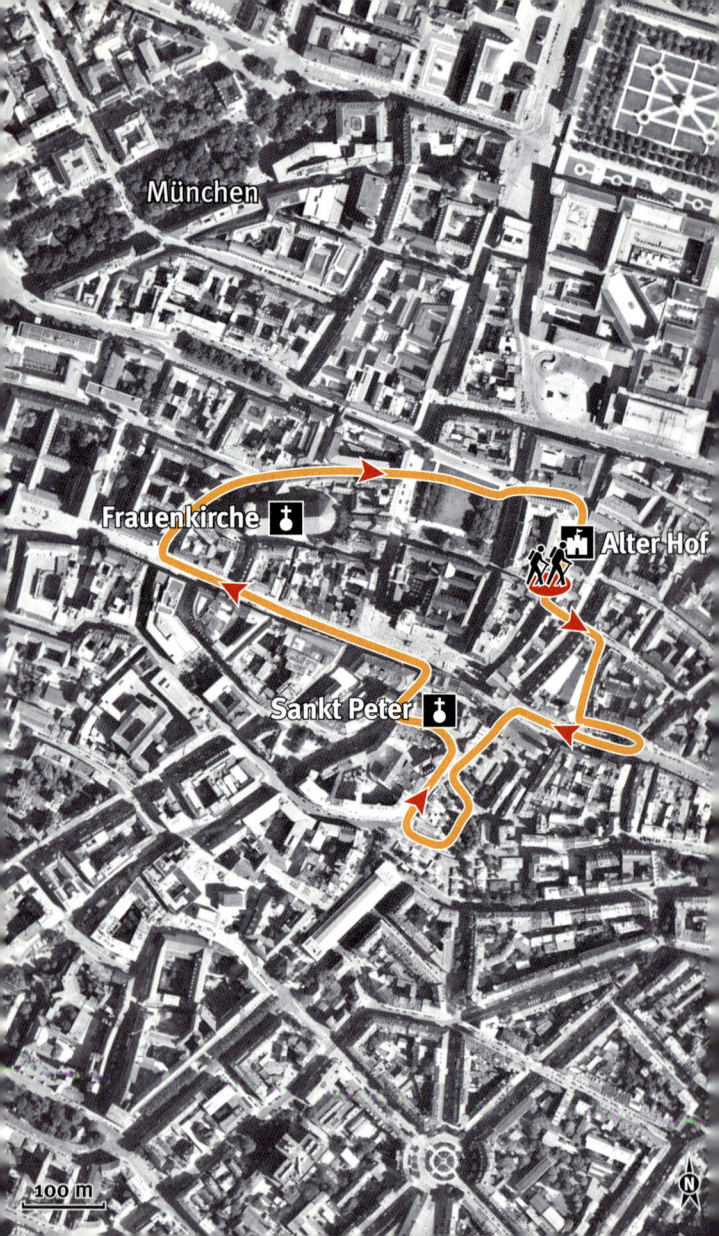

München

Frauenkirche

Alter Hof

Sankt Peter

100 m

N

# Alter Hof

**Anfahrt:** Alter Hof 1. Der Alte Hof liegt nahe beim Marienplatz; hier halten die S-Bahnen der Stammstrecke.

**Öffnungszeiten:** Lohnend sind Führungen und die Multimediashow der neuen Ausstellung zur Kaiserburg. Montag bis Freitag 10 bis 18 Uhr, Samstag 10 bis 13 Uhr. www.muenchner-kaiserburg.de.

**Spaziergang:** Das München Ludwigs des Bayern war klein, ein kurzer Gang führt an viele Stätten der Geschichte. Neben dem Alten Hof liegt das uralte Zerwirk-Gebäude, wo einst die Hirsche der kaiserlichen Jagdpartien ausgeweidet wurden, nun ironischerweise Heimat eines veganen Restaurants. Die Burgstraße hinab erreicht man das Alte Rathaus, im Mittelalter Zentrum der von Ludwig geförderten Bürgerschaft. Die Straße Im Tal hinunter geht es zum Isartor, wo die mittelalterliche Stadt endete; im Inneren ein skurriles Museum zur Erinnerung an den Komiker Karl Valentin. Über den Viktualienmarkt erreicht man mit wenigen Schritten das Stadtmuseum mit seiner schönen neuen Dauerausstellung. Hier im einstigen Zeughaus befand sich das Arsenal der Stadt München, zum Beispiel die mit Recht gefürchtete „Stachlerin", eine große Kanone, die sehr hilfreich beim Knacken der Raubritterburgen im Isartal war.

**Einkehr:** „Weißes Bräuhaus" mit alter Einrichtung und Bedienungen mit altbayerischem Charme (Im Tal). Zünftig und gediegener ist der „Ratskeller", vornehm das „Vinorant Alter Hof".

**Sehenswert:** Nahezu alles im Umkreis der Residenz, etwa der Renaissance-Innenhof der Alten Münze gleich nebenan, die Residenz, der Odeonsplatz und die Theatinerkirche.

# Blütenträume nach der Schlacht

Ihr Überleben verdankt die Blutenburg
der Macht der Frauen über die Herzöge

Am 19. September 1422 stoßen bei Alling die beiden Ritterheere aufeinander – die Männer Herzog Ludwigs VII. und die Truppen der Herzöge Ernst, Wilhelm und Albrecht. Ingolstadt gegen Bayern-München. Was sich anhört wie ein spätmittelalterliches Fußballspiel, ist als der große Wittelsbacher Hausstreit in die Geschichte eingegangen. Die in mehrere verfeindete Linien aufgespaltenen Nachkommen Kaiser Ludwigs des Bayern kämpfen um die Vorherrschaft im Herzogtum.

**Als Wasserschloss** präsentiert sich die Blutenburg 550 Jahre nach ihrer Blütezeit.

Die Schlacht von Alling, bei der die Münchner Bürger auf Seiten ihrer Herzöge kämpften, ist ein Meilenstein in der Geschichte des Aufstiegs der einstigen Mönchssiedlung zur unbestrittenen Kapitale Bayerns. 400 Ritter und Bauern, die für den Ingolstädter Herzog in den Krieg gezogen sind, werden gefangen genommen. Ein unglaublicher Prestigeerfolg für den Münchner Zweig des bayerischen Herzogshauses – und doch fast ein Pyrrhussieg. Denn im größten Kampf-

**Repräsentativ:** Zur Schau gestellte Wehrhaftigkeit.

getümmel stürzt Herzogssohn Albrecht vom Pferd. Für einen Ritter des 15. Jahrhunderts – dank seiner Panzerung zwar fast unverwundbar, aber eben auch unbeweglich – eine lebensgefährliche Situation. In letzter Minute kann Ernst seinen Sohn retten. Derselbe Herzog Ernst, der Jahre später die Frau seines Sohnes der Staatsräson opfern wird.

Möglich, dass sich Albrecht nach der gewonnen Schlacht von Alling in die Obermenzinger Blutenburg zurückziehen will. Und ebenso möglich, dass er dort nur noch rauchende Trümmer vorfindet. Die Ingolstädter Truppen, so will die Überlieferung wissen, haben bei ihrem Anmarsch die auf einer Würminsel nur scheinbar geschützte Turmburg zerstört. Schriftliche Quellen gibt es dafür nicht. Doch sollten die Ingolstädter tatsächlich ganze Abbrucharbeit geleistet haben, dem Münchner Vetter hätten sie damit wohl sogar einen Gefallen getan. Denn Albrecht will keine düstere Trutzburg – er möchte ein repräsentatives Schloss. Eine Burgattrappe inmitten von Blumen und Blüten, eine „Pluedenburg". In den späten 1420er-Jahren beginnt er mit dem Neubau. Kein Zufall. Denn bei einem Turnier hat der Herzogssohn die Augsburgerin Agnes Bernauer kennen- und lieben gelernt. 1432 soll das Paar sogar geheiratet haben. Eine Mesalliance. Herzoglicher Erbe heiratet Baderstochter – Vater Ernst weiß, was das bedeuten kann: wieder Erbstreitigkeiten, wieder Krieg. Und das nur zehn Jahre nachdem man den Ingolstädter Vetter so eindrucksvoll in die Schranken verwiesen hat.

### Herrenhaus statt Wehrturm

Der Rest der Geschichte ist bekannt. Das Blutenburger Glück des jungen Paares endet 1435

**Die Wappen des Hauses Wittelsbach** an der Schlosskapelle erinnern an die fürstliche Vergangenheit der Burg.

dergestalt, dass man "die Bernawerin gen hymel gefertigt hett", wie ein Münchner Stadtchronist recht trocken notiert. Auf Befehl des Herzogs wird die Lebensgefährtin seines Sohnes bei Straubing in der Donau ertränkt. Späteren Wittelsbacher-Gespielinnen ergeht es auf der Blutenburg erheblich besser: Albrechts Sohn Sigismund – er erbaut die wegen ihrer prächtigen spätgotischen Ausstattung berühmte Schlosskirche – lässt es sich im Schloss mit seiner bürgerlichen Freundin Margarete und wohl noch mit weiteren schönen Frauen gut gehen. Und 1848 logiert die von der Revolution vertriebene Geliebte Ludwigs I., Lola Montez, in der Nacht vor ihrer erzwungenen Ausreise in der Blutenburger Gastwirtschaft.

Doch zurück zu Albrecht. Die Trauer um Agnes geht irgendwann zu Ende, der Streit mit dem Vater auch. Und die Bauarbeiten an der Würm gehen weiter. Trotz ihres martialischen Aussehens mit Burgtor und vier achteckigen Türmen ist die Blutenburg ein Lust- und Jagdschloss. In der von einem eigenen Würmarm umflossenen Kernburg erhebt sich an der Stelle des hochmittelalterlichen Wehr- und Wohnturms jetzt ein Herrenhaus, das im 17. Jahrhundert barockisiert wird. Seine Burgen-

**Die Türme wurden im Barock** gekappt – umkämpft waren sie auch vorher nie.

Stolze Festungen und verwunschene Ruinen

# Blutenburg

**Agnes Bernauer aus Augsburg** war die Lebensgefährtin von Herzog Albrecht III. 1435 macht der Vater des verliebten Fürsten der Mesalliance ein tragisches Ende.

Vergangenheit kann es dennoch bis heute nicht leugnen: Bei Renovierungsarbeiten werden in den achtziger Jahren die Fundamente des hochmittelalterlichen Bergfrieds im Untergeschoss des Herrenhauses freigelegt.

Und auch wenn die im Barock gekappten Türme und Mauern nie eine kriegerische Auseinandersetzung erlebten, bietet die Blutenburg

**An die Allinger Ritterschlacht** des Jahres 1422 erinnert ein Fresko in der Hoflacher Kirche.

heute, nachdem die einst trockengelegten Gräben wieder geflutet sind, das perfekte Bild eines mittelalterlichen „Weiherhauses", einer von Wassergräben umgebenen Burganlage. In der Münchner Schotterebene ist dieser Burgentyp gar nicht so selten. Wo natürliche Anhöhen fehlen, müssen künstliche Burghügel aufgeschüttet werden. Weil diese aber naturgemäß viel niedriger sind, müssen sie im Gegensatz zu Höhenburgen durch Wassergräben geschützt werden. Kleinere Anlagen dieser Art bezeichnet die Burgenkunde mit dem französischen Begriff „Motte"

(von lateinisch „terra mota", was bewegte oder aufgeworfene Erde bedeutet). Diese Turmhügelburgen hatten bestenfalls (wie die Blutenburg) einen steinernen Sockel, über dem sich ein Holz- oder Fachwerkbau erhob. Die Anlage war von Palisaden geschützt und von einem oder mehreren Wassergräben, die die Vorburg von der Kernburg trennten.

Die meisten dieser hochmittelalterlichen Anlagen wurden (wie etwa in Pasing) später wieder aufgegeben. Nur wenige existieren als Wasserburgen oder als Schlösser weiter. Dass die Blutenburg als Denkmal des Übergangs von der Burg zum Schloss, vom Mittelalter zur Neuzeit überlebt hat, hat sie Herzögen zu verdanken, die die Frauen mehr liebten als die Macht. Wer weiß, wie die Geschichte der Blutenburg, wie Bayerns Geschichte verlaufen wäre, wenn Albrecht III. am 19. September 1422 unter den Hufen der Ingolstädter Pferde sein Leben ausgehaucht hätte.

*Martin Bernstein*

P 🥾

**Schloss** 🏰

**Steinkreuz** ○

München

St. Wolfgang, Pipping 🧍

*Würm*

100 m

N

# Blutenburg

**Anfahrt:** Die Blutenburg in Obermenzing erreicht man von Pasing aus mit dem Metro-Bus 56, vom S-Bahnhof Obermenzing (S 2) mit dem Stadtbus 153.

**Spaziergang:** Besonders schön ist ein Spaziergang vom ebenfalls spätgotischen Pippinger Kircherl würmabwärts zum Schloss. Dabei kommt man an einem galicischen Steinkreuz vorbei, das sich vor 25 Jahren nach München verirrt hat.

**Öffnungszeiten:** Der Hof der Blutenburg ist tagsüber frei zugänglich. Die Internationale Jugendbibliothek und die ihr angeschlossenen kleinen Museen in den Ecktürmchen des Schlosses haben ziemlich komplizierte Öffnungszeiten – am besten informieren sich Besucher unter www.blutenburg. de. Täglich geöffnet ist die Blutenburger Schlossschänke am Burgweiher. Für private Veranstaltungen können Räume der Burg angemietet werden, darunter auch ein Gewölbekeller im Herrenhaus, dessen Mauern noch vom hochmittelalterlichen Wohn- und Wehrturm stammen. Die Schlosskapelle mit ihrer wertvollen spätgotischen Ausstattung ist im Sommerhalbjahr von 9 bis 17 Uhr, im Winter von 10 bis 16 Uhr geöffnet.

**Sehenswert:** An die Schlacht von Alling erinnert die Hoflacher Kirche an der Bundesstraße 2 zwischen Germering und Fürstenfeldbruck. Die siegreichen Münchner Herzöge haben sich und ihr Heer dort in einem eindrucksvollen Fresko verewigen lassen. Besichtigung von Mai bis Oktober an jedem ersten Samstag im Monat zwischen 13 und 17 Uhr.

# Die Wächter vom Teufelsberg

## Auf den Spuren alter Wehrbauten wie, sie für die Ritter des 12. Jahrhunderts typisch waren

Am südlichen Rande von Solln erhebt sich der Warnberg, umgeben von Äckern, dem stillen Sollner Waldfriedhof und viel Grün. Es ist der höchstgelegene Punkt des Münchner Stadtgebiets. Hier, auf 580 Meter Meereshöhe – und somit satte 60 Meter über dem Stachus – bewegen wir uns auf einem historischen Burgplatz. Im Garten des klösterlichen Gutsbetriebs stoßen wir auf einen künstlich aufgeschütteten kreisrunden Hügel, der von einem heute abgeflachten Ringgraben umzogen wird. Auf der früher sehr viel höheren Erhebung mit immerhin 20 Metern Durchmesser müssen wir uns einen Wohnturm vorstellen. Unter- und Erdgeschoss waren aus Stein gefügt, darüber erhob sich Balken- und Fachwerk. So sah eine Turmhügelburg aus, sozusagen die standesgemäße Standardbehausung eines Ritters des 12. Jahrhunderts.

**Moderner Nachbau** einer hölzernen Turmburg des 12. Jahrhunderts mit Palisadenzaun.

Warnberg oder Wartenberg ist ein typisch hochmittelalterlicher Burgname und bezeichnet den Sitz eines Wächters auf einer Hochwarte. Auf dem nahen Isarhochufer verlief die alte Straße von Freising nach Scharnitz und weiter nach Innsbruck und über die Alpen. Burgen wie Warnberg säumten diese wichtige Handelsverbindung. Ihre Herren forderten Maut, sicherten dann aber freies Geleit. Zum Jahre 1185, im besten Burgenzeitalter, wird Burg Warnberg zum ersten Mal in einer Urkunde erwähnt, und zwar als Sitz klösterlich-Schäftlarner Gefolgsleute. Hundert Jahre später erscheint das Rittergeschlecht der Witschit in Warnberg und Solln. Dann schweigen die schriftlichen Quellen, bis sich 1425 ein bayerischer Feldhauptmann Ulrich von Warnberg nennt. Die alte Burg war zu dieser Zeit längst „öd gefallen" die Ökonomiegebäude hatten sich in einen friedlichen Gutshof verwandelt.

**Lichte Spazierwege** führen durch die geschichtsträchtige Aubinger Lohe.

### Fasten und Kontemplation

Diese Schwaige zu Warnberg übergab der fromme Herzog Wilhelm V. 1594 dem Jesuitenorden. Und der nutzte das nur einen halben Tagesritt von München entfernte kleine Gut als Sommerfrische. Ein berühmter Erholungssuchender war zwischen 1628 und 1644 der hochgelehrte Jesuitenpater Jakob Balde, Dichter und Gründer des „gottgefälligen Magerkeitsordens". Herr Professor und seine Nachfolger widmeten sich dort der Kontemplation, dem Fasten und der erhofften Magerkeit. So hat der Warnberger Burgstall als „Balde-Laube" oder „Balde-Hügel" die Jahrhunderte überlebt.

Professionelle Burgenkundler heben sich durch mitunter skurrile Fachwörter von Laien

**Ein Idyll inmitten der Großstadt:** Der verwunschene Wasserring in Pasing umfließt den alten Schlosshügel.

ab. Sie sprechen von „Motten" eine Bauform früher Burgen, der „Erdhügelburgen". Der Begriff Motte hat seine Wurzel im Lateinischen terra mota, was „bewegte, aufgeschüttete oder aufgeworfene Erde" bedeutet.

Interessant ist, dass der Bau von Motten eine gesamteuropäische Erscheinung ist: Befestigte Wohnsitze des kleinen Ritteradels folgten im 12. Jahrhundert derselben Bauform. Der Aushub eines tiefen Ringgrabens wurde zu einem

**Turmhaus auf künstlichem Hügel** („Motte"). Rekonstruktion einer frühmittelalterlichen Adelsburg.

kegelförmigen Hügel aufgeworfen und festgestampft. Auf dieser künstlichen Erhebung wurde nun ein Turmhaus oder ein Wohnturm errichtet. Im frühen 12. Jahrhundert bestand dieses Bauwerk meist nur aus Holz, später dann aus einem massiven Steinsockel mit Holz- und Fachwerkaufbau. In der Ebene erhoben sich diese Erdhügelburgen deutlich über die Hütten der Untertanen.

Eine derartige Erdhügelburg können wir in der Aubinger Lohe besuchen. Teufelsberg heißt das markante Bodendenkmal. Es handelt sich dabei um die Burg des Ortsadels von Aubing. Der Ort Aubing und seine Kirche werden zwar schon im frühen Mittelalter urkundlich genannt, eine Ritterfamilie „von Ubingen" ist aber erst im 12. Jahrhundert sicher bezeugt. Und in dieser Zeit erbauten sich die Aubinger Ritter ihre wehrhafte Behausung auf dem höchsten Punkt des Hügelrückens der Aubinger Lohe. Wahrscheinlich standen sie im Dienste der welfischen Bayernherzöge und hatten die Aufgabe, die hier verlaufende wichtige Salzstraße in Richtung Augsburg zu sichern.

Als die wittelsbachischen Herzöge im 13. Jahrhundert ihre Machtstellung in Bayern ausbauten und ihre Herrschaftsbezirke absicherten, wurden viele der kleinen Burgen überflüssig. Auch Burg Aubing wurde aufgegeben und verlassen. Das auf Wegweisern Teufelsberg genannte Bodendenkmal besteht aus einem konischen, künstlich aufgeschütteten Lehmhügel mit einer Oberfläche von 30 mal 20 Metern. An drei Seiten wird er von einem noch bis dreieinhalb Meter tiefen Ringgraben umzogen. Es handelt sich dabei um das Erdfundament für ein Turmhaus, eben eine Motte. Ausbruchsvertiefungen auf dem Gipfelplateau künden davon, dass zumindest das Erdgeschoss aus Stein gemauert gewesen war. Die behauenen Fundamentsteine waren begehrte Objekte und wurden später von den Bauern der Umgebung ausgegraben und zum eigenen Hausbau verwendet.

Volkskundlich bemerkenswert ist, dass sich bei der Landbevölkerung der Umgebung immer die Vorstellung gehalten hatte, dass hier inmitten der Aubinger Lohe ein „G'schloß" gestanden habe. Und mit jedem Schloss verband sich die Vorstellung von Gold und geraubten Schätzen. In den Raunächten sei die einzige Zeit, in welcher der einstige Burgherr in güldner Kutsche aus dem Berg herausfahren würde und seine Schatztruhen unbeaufsichtigt seien. Doch nur mit Teufels Hilfe könnten all diese Gefäße voller Geschmeide gehoben werden, warnten die Geistlichen ihre tumben Schäfchen und nannten den Ort des Begehrens vorsorglich „Teufelsberg".

### Himmlische Ruhe

Am Pasinger Marienplatz tobt der Verkehr. Doch nur 100 Meter abseits in Richtung Würm

**Von der Würm umschlossen:** Gemälde des Pasinger Wasserschlosses von Theo Guillery, 1925.

herrscht himmlische Ruhe. Und das im wahrsten Sinne des Wortes, denn wir spazieren im Klostergarten des Instituts der Englischen Fräulein. Jenseits sorgsam gepflegter Gemüsefelder hebt sich inmitten alten Baumbestands eine Hügelkuppe empor. Beim Näherkommen bemerken wir, dass sie von einem kreisrunden Wasserring umflossen wird, der von der unmittelbar vorbeirauschenden Würm gespeist wird.

Ein schmaler Eisensteg führt über den 25 Meter breiten Wassergraben und hinauf auf den Buckel. Er birgt das Erdgeschoss eines quadra-

tischen Burgturms, das heute ins Erdreich eingetieft ist. Fensteröffnungen weisen indes darauf hin, dass der Raum ursprünglich über dem Bodenniveau lag. Das backsteinerne Kreuzgewölbe auf dem romanischen Mittelpfeiler wird in das ausgehende 12. Jahrhundert datiert. Es repräsentiert somit den ältesten noch erhaltenen Steinbau auf dem Münchner Stadtgebiet.

Als erste Burgherren werden im 12. Jahrhundert mehrfach Ritter von Pasing urkundlich genannt. Sie waren Dienstleute des Bischofs von Freising und bewachten von ihrem Turm aus eine Furt über die Würm. Von der Gründung Münchens 1158 profitierten die Pasinger, denn nun führte die neue Salzstrasse direkt durch ihren Ort in Richtung Landsberg. Zwar blieb der wichtige Münchner Isarübergang in Folge des Gewaltstreichs Heinrichs des Löwen in herzoglicher Hand, doch durfte der düpierte Freisinger Bischof wenigstens hier am Übergang über die Würm Maut kassieren. Bis zur Säkularisation 1803 blieb Burg Pasing in freisingischem Besitz.

Die Mauern der Pasinger Wasserburg wurden immerhin einmal bei einem innerbayerischen Erbfolgestreit ernsthaft angegriffen – was entgegen landläufiger Ansicht mittelalterlichen Burgen nicht oft widerfahren ist. Ende des 15.

Jahrhunderts baute die wohlhabende Familie Pütrich die alte Burg zu einem wohnlichen Weiherschloss um. Doch dann nagte der Zahn der Zeit, unterstützt durch Hochwasser der Würm. 1787 wurde das Schloss bis auf den alten Keller abgebrochen. Ein kleinerer Neubau hielt sich auch nicht lange und fiel kurz nach 1814 der Spitzhacke zum Opfer. Mitte des 19. Jahrhunderts fand auf dem Gelände des „Wasserschlosses" ein beliebter Bierausschank statt. Bis 1874, als die Englischen Fräulein hier ihre Schule und den Klostergarten einrichteten. Seitdem liegt der Burghügel im stillen Winkel und strahlt einen eigentümlichen Reiz aus.

*Michael Weithmann*

**Standesgemäß „erhöhtes"
Wohnen** auf einem Turmhügel inmitten des Wasserringes. Auch die Vorburg ist gut befestigt.

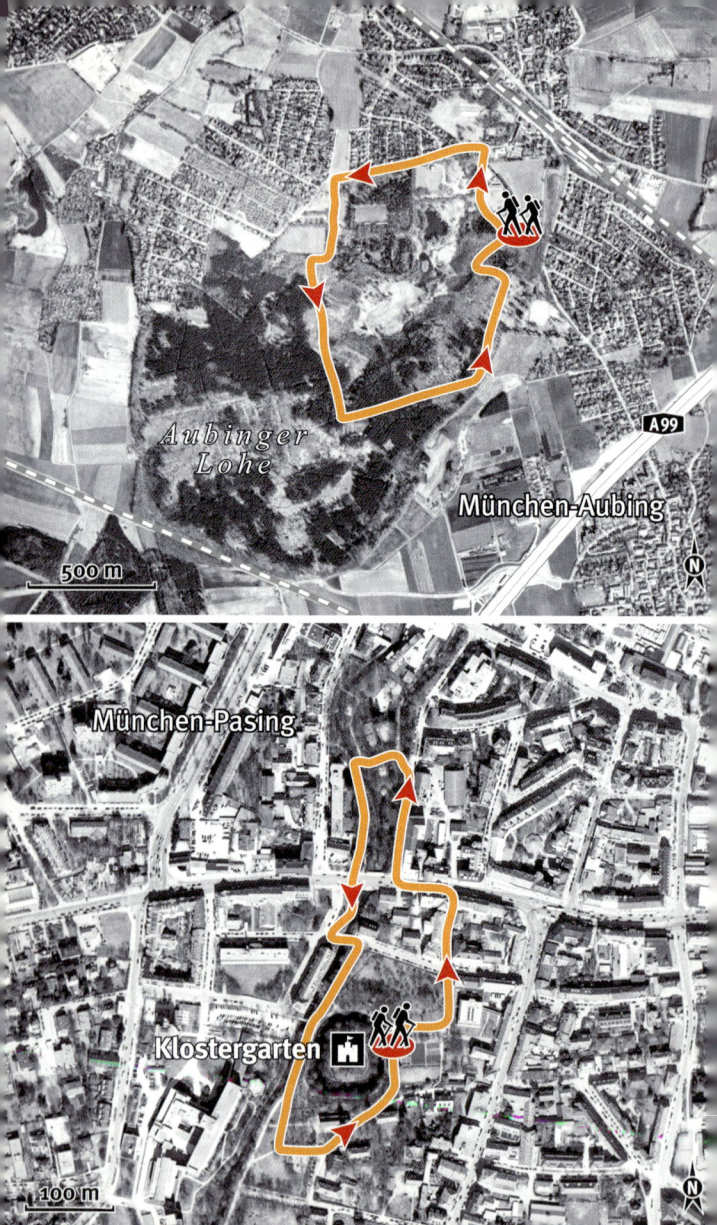

500 m

Aubinger Lohe

München-Aubing

A99

N

München-Pasing

Klostergarten

100 m

N

# Warnberg, Aubing, Pasing

**Warnberg:** Warnberg erreicht man vom S-Bahnhof Großhesse-
lohe (S 7) mit dem Regionalbus 270. Von der Station Melchior-
straße führt ein Fußweg in einer gemächlichen Viertelstunde
zum ehemaligen Kloster. Heute ist im Klostergut Warnberg die
Hans-Hofer-Realschule untergebracht. Wer besichtigen möchte, sollte sich also vor dem Besuch der Balde-Laube bei der
Schulleitung im Gutshaus anmelden. Dazu durchschreiten wir
ein schönes Renaissance-Portal aus dem Jahr 1667. Der nahe
Forstenrieder Park bietet Radlern und Wanderern zahlreiche
ruhige Wege.

**Aubing:** Die idyllische Aubinger Lohe ist ein Wanderer- und
Radlerparadies und von den S-Bahn-Stationen Aubing (S 4)
oder Lochhausen (S 8) gut erreichbar. Der Teufelsbergweg
führt direkt zum Turmhügel.

**Pasing:** Der Pasinger Marienplatz ist mit der S-Bahn oder mit
der Tram 19 zu erreichen. Über die Planeggerstrasse kommt
man zum Institut der Englischen Fräulein. Eine Anmeldung
zum Betreten des Klostergartens ist erforderlich. Aber auch
von den Rundwegen „Am Klostergarten" und „Am Wasserschloss" ergeben sich schöne Blicke auf die „Pasinger Insel".
Der Würmtal-Wander- und Radlweg führt unmittelbar vorbei.

# Geister spuken in Gewölben

Die Festung in Grünwald hat alles, was Kinder lieben: Türme, Zinnen und Wehrgänge

*Zu Grünwald drunt' im Isartal,*
*Glaubt es mir, es war einmal,*
*Da ham edle Ritter g'haust,*
*Denne hat's vor garnix graust.*
*Ja so warn's (gsuff'n hams),*
*Ja so warn's die oiden Rittersleut,*
*Ja so warn's (gsuff'n hams),*
*Die oiden Rittersleut.*

*(Karl Valentin)*

Zu einem echten bayerischen Kurfürsten gehörte früher ungestümer Tatendrang, oft unglücklich gepaart mit der Neigung zur Überschätzung der eigenen Möglichkeiten. Manchmal gesellte sich ein barocker Frohsinn hinzu, der den Gewaltigen zu unerwarteten Akten der Milde verführte. So ein Fürst war gewiss Max Emanuel, Türkensieger bei Wien 1683 und Abenteurer in der Weltpolitik. Seine diversen Feldzüge kosteten viel Geld. Da kam eines Tages ein beredter Mann aus Neapel mit dem

**Zier und Zeichen:** Die Schießscharten der Burg symbolisieren deren Wehrhaftigkeit.

klingenden Namen Don Domenico Manuel Caetano. Er beherrsche, flüsterte er dem Bayern ins
kurfürstliche Ohr, die Kunst des Goldmachens
und wolle seine Dienste untertänigst zur Verfü-
gung stellen; nur, ganz billig sei dies nicht... So
verlor Max Emanuel viel Geld, ohne Gold zu
gewinnen. Der Betrüger aber landete nicht beim
Henker, sondern in der Burg Grünwald. Dort
sind noch Zeichnungen zu sehen, die Caetano an
die Kerkerwand gekritzelt hatte. Die Burg war
damals um 1700 bloß noch ein verwahrlostes
Jagdschlösschen, also der trostloseste Ort, den
sich der rachsüchtige Kur-
fürst ausdenken mochte.

1681 stürzten die
flußseitigen Außenmau-
ern hinab ins Isartal. Das
Schloss, hatte die Hofkam-
mer schon 1614 befunden,
sei gleichsam „nit brauch-
sam oder zu bewohnen".
Trotz dieses aus burgen-
kundlicher Sicht betrüb-
lichen Verlustes – dem der
eilige Abriss weiterer ein-
sturzgefährdeter Gebäu-
de folgte – ist Grünwald
Münchens einzige „rich-
tige" Ritterburg und somit
für Ausflüge mit kleineren
Kindern überaus geeignet.

### Sture Adlige

Kinder, liebe Väter, mögen fachhistorische Führungen („Die Keramikfunde werden bis in die
Hallstattzeit datiert") ebenso wenig wie eher vage
Ausführungen des Familienoberhaupts („Äh, hier
war sicher mal 'ne Zugbrücke oder so..."). Kinder
mögen Türme, Zinnen, Wehrgänge. Grünwald
hat all das zu bieten, und noch viel mehr.

**Macht und Schönheit:** Burg Grünwald ist wehrhaft und
elegant zugleich.

**Eine Pracht von Schloss**: Älteste Ansicht Grünwalds, Holzschnitt von 1568.

Die Burg entstand im 12. Jahrhundert und gehörte spätestens ab 1272 unter Ludwig dem Strengen (1253 bis 1294) den in Bayern regierenden Wittelsbacher Herzögen. Das unterschied sie aus Sicht der Münchner sehr vorteilhaft von anderen Ritternestern im Isartal wie Baierbrunn, deren Bewohner Adlige waren, die sich von nichts und niemandem dreinreden ließen und den Flusshandel entlang der Isar als nützliche Einkommensquelle betrachteten.

Zu den ersten Bewohnern der zweifelsfrei relativ bequemen Burg Grünwald gehörte eine echte Königstochter, Ludwigs dritte Frau Mechthild; ihr Vater war König Rudolf von Habsburg. 1398, als diverse Wittelsbacher Familien miteinander in Fehde lagen, rückten die Münchner Kriegsknechte gegen Grünwald und andere Burgen des ungeliebten Herzogs Ernst aus. Wie erfolgreich der Zug der Burgenbrecher war, belegt das anschließende Lamento der geschädigten Partei: „Da beklaget mein herr zu den von München, sy hätten im sein schlos abgewunnen und sein land verderbt.“

Grünwald aber hält den Belagerern stand. Das besagt einiges über die Stärke der Festung auf dem Isarfelsen. Die älteste Ansicht von 1568 lässt ahnen, welche Pracht von Ritterburg sich da 150 Meter hoch über dem Fluss erhob. Zugänglich war der Bau nur von Osten her, über die mit Mauern, Türmen, Außenwall und einem tiefen Graben befestigte Landseite. 1439 dient sie als Fluchtort des Herzogspaares – diesmal vor der Pest, die nicht bis zu der einsamen, von lichten Jagdwäldern umschlossenen Burg gedrungen war. Münchens Rentmeister schreibt: „Item als mein herr und frau den tod auszfluchen gen Grunwald.“ 1522 unterzeichneten die Wittelsbacher Brüder, streng katholisch gesonnen, auf

**Ein farbenfroher Greif** bewacht das Burgtor zu Grünwald.

Grünwald eine Schrift wider Martin Luthers Reformlehre.

## Komfort statt Krieg

Da war die alte Festung gerade zum Jagdsitz umgebaut worden, im wesentlichen in der heutigen Form. Die Befestigungen, so wie man sie heute sehen kann, sind jetzt wesentlich schwächer als in der Zeit zuvor. Die Burg dient nun dem Komfort, nicht mehr dem Krieg. Mit der Zeit und dem Niedergang des Rittertums verlor der alte Ort, wie so viele alte Burgen, seine Bedeutung; ein Vorgang, den Nachahmer von Karl Valentin eigenwillig interpretiert haben:

> *Wollt' ein Ritter einmal schnackseln,*
> *Mußt' er aus der Rüstung kraxeln,*
> *Dabei ward ihm der Spaß verdor'm,*
> *Deshalb san's heut ausgestor'm.*
> *Zu Grünwald drunt' die Rittersleut,*
> *Leh'm nicht mehr seit langer Zeit,*
> *Nur die Geister von denselben,*
> *Spuken nachts in den Gewölben.*

Es ist ein Glück, dass es die Gewölbe noch gibt. Über lange Zeit, bis 1799, diente die Burg als Haftanstalt für Gefangene höheren Standes und als Pulverdepot. Erst im 19. Jahrhundert lebte das Gemäuer wieder auf, nachdem es

**Sommer- und Winterbild:** Burg Grünwald von Westen mit geplantem Anbau, um 1870 (oben). Unten: Romantisches Pastell des Grünwalder Malers Valentin Pruy (1995).

**Licht und Schatten:** Grünwald eindrucksvoll beleuchtet.

wundersamerweise so lange Zeit im Dornröschenschlaf überdauert hatte. Der Münchner
Künstler Paul Zeiller, bekannt unter anderem
für die Herstellung beweglicher Wachsfiguren,
übernahm die Burg 1879 und feierte hier manch
kurioses Ritterfest. Diese Tradition ist nicht ganz
verschwunden: Unten, beim Brückenwirt, laden
immer mal wieder die „Rabenritter" zum Ball.

Und das bekannte Lied von den alten Rittersleut? Valentin verfasste es 1939/40 für sein The-
aterprojekt einer „Ritterspelunke". Es ist derb,
komisch und wie einst die Burg, auf der es spielt,
Zeugnis einer untergehenden Welt. Valentin,
einsam geworden, dichtete seine realitätsfernen
Verse, während Europa zu brennen begann.

Und was ist aus Caetano geworden, dem
glücklosen Goldmacher und Gefangenen von
Grünwald? Österreichische Besatzungstrup-
pen befreiten ihn, und er bot seine Künste
dem brandenburgischen Kurfürsten an. Mit

demselben Ergebnis, nur dass der protestantische Preuße wesentlich humorloser war als der Kurfürst in München. In einer Chronik heißt es: „23. August 1709 wurde er (Caetano) in einem mit Flittergold beklebten Kleide an einen ebenfalls vergoldeten Galgen vor dem Gericht in Küstrin zur Abschreckung aller ‚Goldmacher‘ öffentlich gehenkt.“

*Joachim Käppner*

**Grünes Land:** Blick vom Burgturm auf die Isarauen.

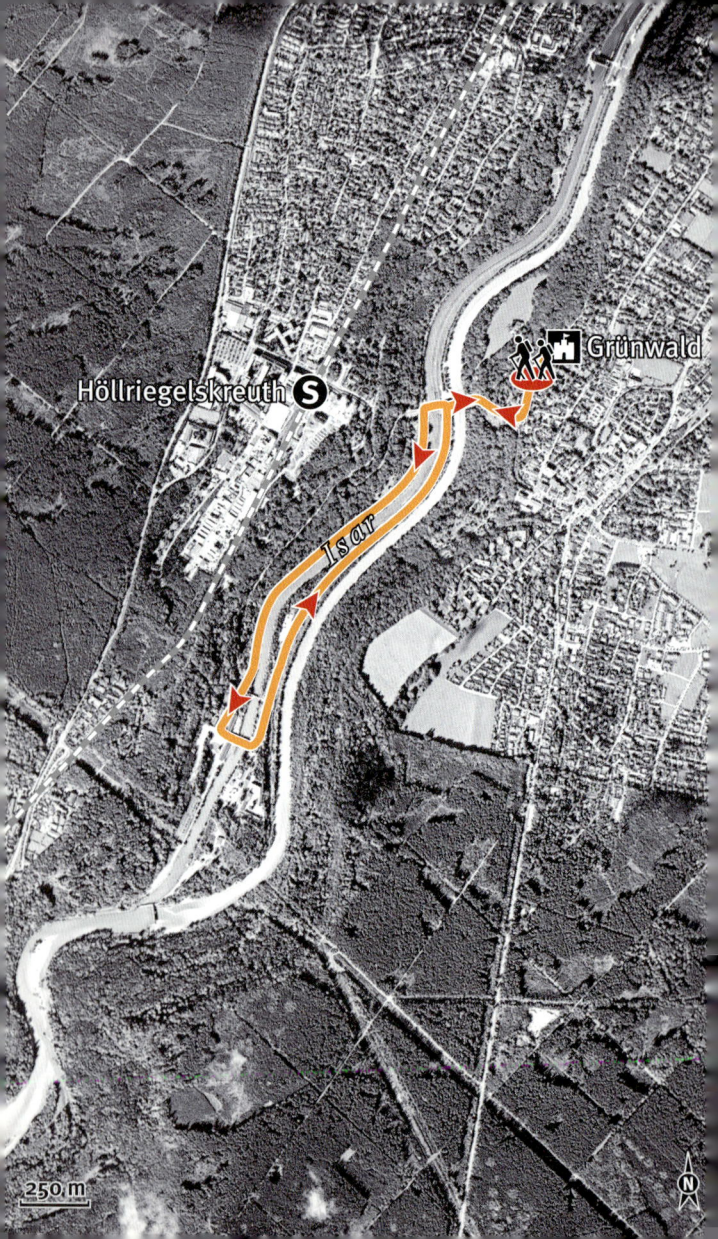

Höllriegelskreuth **S**

Grünwald

*Isar*

250 m

# Grünwald

**Anfahrt:** Mit der Tram-Linie 25 nach Grünwald, von der Endstation aus wenige Minuten zu Fuß.

**Öffnungszeiten:** Bei einem Museum dieser Größenordnung nicht sehr benutzerfreundlich. Dienstag bis Sonntag 10 bis 16.30 Uhr, ab 16 Uhr darf keiner mehr hinein. Infomaterial zur Burg existiert derzeit nicht. In der Burg gibt es Wechselausstellungen und ein Zweigmuseum der Archäologischen Staatssammlung. Im Zentralbereich und Untergeschoss der Burg befindet sich ein römisches Lapidarium mit Grab-, Weihe- und Altarsteinen sowie Nachbauten einer römischen Küche und eines römischen Heizungssystems. Im begrünten Burghof stößt man auf eine historische Schmiede. Im Turm (mit Aussichtsplattform) sind Ausschnitte der Burggeschichte dokumentiert.

**Wanderung:** Empfehlenswert ist der Wanderweg im Isartal nach Süden; er führt nach zwei Kilometern zur sogenannten Römerschanze, einem in Antike und Mittelalter genutzten Platz für eine Befestigung, die im Gelände noch deutlich erkennbar ist. Noch erkennbarer ist der wunderschöne Biergarten des alten Wirtshauses „Zur Mühle" in Straßlach-Dingharting, wo man den hier schon meist stark bezechten Floßpassagieren in der Schleusenrutsche zuschauen kann.

**Einkehr:** Gleich neben der Burg im ehemaligen Jägerhaus das gehobene „Schlosshotel" mit italienischem Restaurant und Garten. Einfacher ist der „Brückenwirt" gegenüber auf der anderen Isarseite mit lauschigem Biergarten am Fluss.

# Ein Schloss
# auf Wanderschaft

Auf der Karlsburg im Würmtal soll
der Sage nach Kaiser Karl der Große
geboren sein

Wenn zwei sich streiten... Der Dritte ist in diesem Fall Friedrich, habsburgischer Herzog von Österreich und seit 1314 gewählter und gekrönter deutscher König. Die zwei, die sich streiten, sind der Bayernherzog Rudolf, Anhänger des Habsburgers, und sein Bruder Ludwig, Bayernherzog und seit 1314 gewählter und gekrönter deutscher König. Klingt kompliziert – ist es auch. Wieder einmal hat es eine Doppelwahl des Königs gegeben, und der Streit geht mitten durch die Familien des Hochadels.

**Aus den Trümmern** der legendären Karlsburg entsteht in der Renaissance das Schloss Leutstetten.

Durch die der bayerischen Wittelsbacher zum Beispiel. Ludwig will alleiniger König sein – und was er dabei am wenigsten brauchen kann, ist ein Bruder, der es mit der Konkurrenz hält. Also knackt Ludwig die oberbayerischen Festungen seines Bruders. Irgendwann in diesen turbulenten Jahren ist auch die ehrwürdige Karlsburg im Würmtal an der Reihe. Dann kann endlich Frieden geschlossen werden. Eine der

Abrüstungsbestimmungen legt fest, dass die Karlsburg nicht wieder aufgebaut werden darf. Die streitbaren Brüder wollen sie künftig nur noch als Jagdschloss nutzen.

### Fabeln und Legenden

Aber nicht deshalb ist die Karlsburg so berühmt geworden. Der Legende nach soll Karl der Große,

**Nur spärliche Mauerreste** auf dem Burgberg erinnern an den angeblichen Geburtsort Karls des Großen.

der erste westliche Kaiser des Mittelalters, auf der Karlsburg das Licht der Welt erblickt haben. Karl der Große – ein Würmtaler? Quatsch, sagen ernsthafte Historiker. Weil sie ernsthaft sind, sagen sie aber natürlich nicht „Quatsch", sondern erzählen, was sie von der Geburt Karls wissen. Wenn sie dabei nicht nur ernsthaft, sondern auch ehrlich sind, müssen sie allerdings zugeben, dass das nicht so überwältigend viel ist. Und wo es war, das wissen die Gelehrten schon gar nicht. Nur im Würmtal, das wissen sie, war es nicht, ungeachtet einer Inschrift, die 1816 bei Gauting auf eine Steinpyramide geschlagen wurde:

„Allwo vor tausend Jahren auf freudiger Jagd / Held Pipinus erblickt hat Bertha, die schöne Magd, / Wo ihr Kind, Groß-Karol, oft geschaut zur Sonne auf, / Die ein Bild geworden seinem Lebenslauf, / Da hat, Freund alter Sage! zur Kenntniß dein; / Dir, bayerischer Mann! gesetzt diesen Stein."

Eine Mär, leider. Wie aber kam der große Karl dann auf die Burg, die noch heute seinen Namen trägt? Eine typische Wandersage. Weil der Kaiser 1165 heiliggesprochen worden war, gab es lebhaftes Gedrängel um die Ehre, der einzig wahre Geburtsort zu sein. Und um die damit verbundenen Einnahmemöglichkeiten. Weil eine Überlieferung zudem wissen wollte, dass Karl auf einer Mühle zur Welt gekommen sei, konnte das ja auch die Reismühle bei Gauting sein. Später fand man eine kaiserliche Geburt zwischen

Mehlsäcken dann ein wenig arg gewöhnlich, und so wanderte die Sage einfach würmaufwärts zur nächsten größeren Burg.

Damit könnte diese Geschichte schon vorbei sein, gäbe es rund um die Karlsburg nicht einige Auffälligkeiten. Bereits im 12. Jahrhundert erscheint die ungewöhnlich große Burganlage als „Karlsperch" in den Urkunden. In dieser Zeit war in Bayern indes weit und breit kein irgendwie herrschender Karl in Sicht. Dann gibt es noch heute den Forstbezirk Königswiesen – schon im 10. Jahrhundert als „regis prata" erwähnt. Schließlich berichtet eine Urkunde davon, dass um 800 eine hochadelige Dame namens Kysilla (heute würden wir Gisela sagen) dem Kloster Benediktbeuern die Gegend um Gauting und Leutstetten und also auch um die Karlsburg schenkte. Diese Gisela gehörte zweifelsfrei jener Herrschersippe an, deren Mitglieder so eindrucksvolle Namen wie Karl der Einfältige, Ludwig der Stammler oder Pippin der Kurze trugen und der eben auch Karl der Große entstammte.

Diese Erkenntnisse lassen lokalpatriotische Forscher begeistert von der Karlsburg als einer karolingischen Königspfalz schwatzen. Dass diese frühmittelalterlichen Residenzen nie auf Bergvorsprüngen wie im Würmtal zu finden sind: Das stört nicht. Schon gar nicht mehr, als in Starnberg Reliefs auftauchen, die vom Karlsberg stammen und aufs hohe, wenn nicht gar aufs frühe Mittelalter zurückweisen. Die mysteriösen

# Karlsburg

**Kaiser Ludwig der Bayer** auf der Jagd. Der Grafiker Otl Aicher hat die Szene nachempfunden.

Bruchstücke finden sogar in eine Dissertation Eingang. Mit Karl dem Großen haben sie freilich nichts zu tun, wohl aber mit der wechselhaften Geschichte der Burg im Mühltal.

Ihre Anfänge liegen wohl in der schweren Zeit des frühen 10. Jahrhunderts, als die Reiterschwärme der Ungarn das Land heimsuchen. Hastig errichtete Fluchtburgen, überwiegend aus Holz, boten notdürftig Schutz. Die Karlsburg weist, archäologisch gesehen, durchaus eine solche Herkunft auf: ihre Größe, die vielen Flücht-

lingen Platz bot, das umfangreiche System an
noch erkennbaren Wehrgräben. Die Burg wird
schon 1565 abgetragen, um aus den Steinen das
nahe Schloss Leutstetten zu erbauen, das viel
später zum bevorzugten Aufenthaltsort des letzten bayerischen Königs Ludwig III. werden wird.
Im Jahr 1816 lässt ein Leutstettener Schlossherr,
der damalige Staatskassier von Ertl, mittelalter-
begeistert und sich nach einem Kaiser sehnend,
ein Denkmal für Karl den Großen auf dem leer-
geräumten Burgplateau errichten. Dafür verwendet er Steine, die von abgebrochenen Münchner
Kirchen stammen. Als 1837 zum ersten (und bis-
her einzigen) Mal auf dem Karlsberg gegraben
wird, ist das Denkmal bereits wieder zerstört.

**Fantasievolle Rekonstruktion der Karlsburg.** Immerhin,
so oder so ähnlich könnte die Festung im Würmtal
einmal ausgesehen haben.

Doch die Ausgräber wissen immerhin noch, dass die Kapitelle und Reliefs „nach dem Abbruche des Klosters am Theaterplatze in München von da hinaufgeführt" worden sind.

Nicht nur die Sage vom Geburtsort des großen Karl ist also gewandert – auch die Steine: vom Burgberg nach Leutstetten, von München auf die Karlsburg, von der Karlsburg nach Starnberg. Doch die wenigen, gleichwohl eindrucksvollen Überreste im Wald des Mühltals können noch immer von einem in Bayern geborenen Kaiser des Mittelalters berichten. Nicht von Karl dem Großen, aber von Ludwig dem Bayern. Er war es immerhin, der München zur Kaiserresidenz machte. Und damit zur heimlichen Hauptstadt Deutschlands.

*Martin Bernstein*

# Karlsburg

**Anfahrt:** Den S-Bahn-Haltepunkt im Mühltal gibt es leider nicht mehr – die Bahn hat mit seiner Auflösung nicht gerade ein Herz für Wanderer bewiesen. Jetzt muss man schon in Gauting (der Ort hat noch immer Karls Kaiserkrone im Wappen) aussteigen oder erst am neuen S-Bahnhof Starnberg-Nord. Die Wanderung durchs Mühltal zur Karlsburg lohnt die Mühe allemal.

**Sehenswert:** Die riesigen Erdwälle, die das Burgplateau vom Hinterland abriegeln, stammen vermutlich noch aus der Zeit der Ungarneinfälle im 10. Jahrhundert. Auf dem Karlsberg selbst kann man beim aufmerksamen Suchen noch einige wenige Mauerreste entdecken. Das Gros der Steine von der Karlsburg ist im nahen Schloss Leutstetten verbaut, das trotz seiner königlichen Geschichte leider nicht besichtigt werden kann.

**Einkehr:** Dafür gibt es in Leutstetten gleich gegenüber eine Schlossgaststätte mit Biergarten und Hoftheater. 1990 hat die deutsche Fußball-Nationalmannschaft dort ihren WM-Titel gefeiert. Und der „Kaiser" war natürlich dabei. Leutstettener Traditionen ...

# Botschaften aus der Unterwelt

Ein Münchner Arbeitskreis erforscht geheimnisvolle Erdställe – auch die im Burghügel von Roggenstein

In heißer Sommertag vor 1000 Jahren. In einem Hügel am Westrand der Münchner Schotterebene geschieht Geheimnisvolles. Einfache Menschen, Bauern, ihre Frauen und Kinder, Knechte und Mägde, wühlen sich in den Untergrund. Niedrige Kammern, schmale Durchschlupfe, verwinkelte Gänge kratzen sie aus dem sandigen Boden. Als das Labyrinth endlich fertig ist, schütten sie den Arbeitsschacht wieder zu. Die künstlich angelegten Kammern sind unter der Erde verborgen. Und sollen es für immer bleiben.

**Die Kapelle Sankt Georg** in Roggenstein bei Eichenau steht an der Stelle der einstigen Burg.

Denn kein Mensch soll sich darin verstecken können. Der „Erdstall" (wie derartige Anlagen später genannt werden) dient den Seelen Verstorbener als Aufenthaltsort bis zum jüngsten Gericht. So ist zumindest sichergestellt, dass sie in der Welt der Lebenden keinen Schaden

anrichten können. Und das Fegefeuer, jener jenseitige Ort der Läuterung, hat sich kirchlicherseits noch nicht durchgesetzt.

Anton Haschner aus Markt Indersdorf hätte das jetzt detailliert erklären können. Die Theorie von den Erdställen als Wohnung der Seelen Verstorbener war seine Theorie. Die theologische „Geburt des Fegefeuers" datiert der Historiker Jacques Le Goff auf die Jahrzehnte vor 1200. Die wenigen naturwissenschaftlichen Datierungen, die man aus Erdställen kennt, sind alle älter.

**Sankt Georg** auf einem gotischen Fresko in der Kapelle. Der Drachenschwanz erinnert an die mysteriösen Gänge.

# Roggenstein

Hatte Anton Haschner Recht? Hat das Fegefeuer die Erdställe überflüssig gemacht?

Anton Haschner ist im vergangenen Jahr gestorben. Doch der Kreis der Münchner Erdstallforscher, der sich heute wieder im Pasinger Gasthof zur Post trifft, verfolgt die Idee weiter. „Es ist die plausibelste", sagt Pe-

**Barocke Ausstattung.** Im Mittelpunkt der Darstellungen steht der Kampf gegen finstere Mächte.

ter Forster. Er weiß, wovon er spricht. Denn er hat – auch im Münchner Umland – schon einige Erdställe entdeckt, geöffnet, sich durch enge Gänge gezwängt. „Manchmal", sagt er, „spürst du richtig: Du bist der erste, der hier nach Jahrhunderten reingeht." So präsentieren sich viele neu entdeckte Erdställe: unberührt, unbenutzt, niemals bewohnt – zumindest nicht von Wesen aus Fleisch und Blut.

Was immer der wahre Zweck der Erdställe gewesen sein mag: Im Lauf der Jahrhunderte ist er in Vergessenheit geraten. Ebenso wie die unterirdischen Gänge selbst. Eine schwache Erinnerung ist dennoch an manchen Orten geblieben. Von Geheimgängen ist dort die Rede, von kilometerlangen unterirdischen Verbindungen von Burg zu Burg. Erdstallforscher gehen diesen

**Die Eingänge zum Erdstall** sind auf dieser Federzeichnung aus dem 19. Jahrhundert gut zu erkennen.

Sagen nach. Und sie werden oft fündig, auch im Münchner Umland, in Doblberg bei Glonn, in Kissing und Reichersdorf.

Heute ist in Roggenstein von den Erdställen nichts mehr zu sehen. Zeichnungen und ein paar Pläne erinnern an Ausgrabungen im 19. und 20. Jahrhundert. Von mehr als hundert Meter langen Gängen ist die Rede. Was ungewöhnlich für einen Erdstall wäre. „Aber möglich ist das schon", sagt Peter Forster. Denn es kann sein, dass sich nicht nur ein Erdstall in den Hügeln an der Starzel verbirgt, sondern ein ganzes System von Gängen, Röhren, Durchschlupfen und Kammern.

Ebenso interessant ist, was über der Erde zu sehen ist. Denn die ehemalige Burgkapelle bewahrt, sorgsam umhegt von einem örtlichen Förderverein, wertvolle spätgotische Fresken. Darunter einen heiligen Georg: ein gewappneter Ritter, hoch zu Ross. Er tötet mit seiner Lanze den Drachen, Symbol für das Unheimliche, das Böse, das Heidnische, das unter der Erde oder in Höhlen lebt. Bewahrt das Fresko eine letzte Erinnerung an die magischen Praktiken, denen die Erdställe im Inneren des Hügels dienen sollten?

Eigenartig ist auch die Geschichte der Burg: 1317 als „Rukenstein" im Besitz eines Engelmar von Gegenpoint erwähnt, kommt die Burg über Heinrich „Chuchenmeister" von Lochhau-

**So rekonstruieren** Erdstallforscher das Innenleben des Roggensteiner Burghügels.

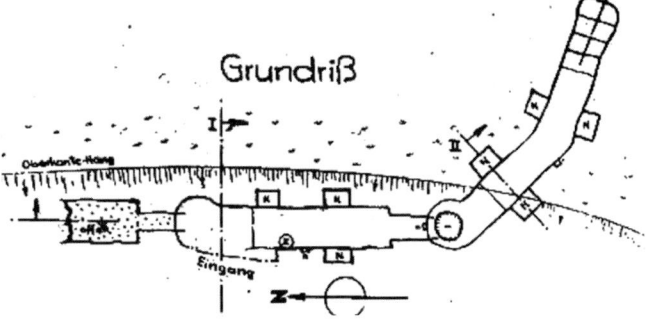

sen schließlich an das Kloster Fürstenfeld. Die Zisterziensermönche geben den Wehrbau sofort auf. Dafür bauen sie eine Kapelle und schmücken sie reich aus. Um das Böse zu bannen, das die frommen Mönche an diesem unheimlichen Ort vermuten? Bis zum Jahr 1828 soll es einen Zugang vom Altarbereich der Kapelle in

**Der Kapellenverein um Ursula Mosebach** kümmert sich seit 40 Jahren um das spätgotische Kleinod.

das Gangsystem gegeben haben. Legende oder historische Wahrheit?

Erst 1835 wagen sich Menschen in die Roggensteiner Unterwelt. Im Hügel der ehemaligen Hauptburg entdecken Ausgräber einen 21 Meter langen Gang. Die Anlage zeigt die typischen Merkmale eines Erdstalls: niedrige Gänge (nur eineinhalb Meter hoch), spitzbogiger Gangquerschnitt, Nischen in den Wänden, einen Durchschlupf... Es wird nicht die letzte Entdeckung in Roggenstein bleiben. Andere Gänge werden durch Hangrutsch freigelegt. Aus Sicherheitsgründen werden sie nach der Ausgrabung im Jahr 1964 vergittert. Heute sind sie von nachrutschendem Sand wieder verschüttet.

Und da ist da noch die Geschichte, die Peter Forster zu erzählen weiß: von einem Mann, der spielende Kinder aus einem weiteren Gang verscheucht und diesen Gang dann zehn Meter weiter begangen haben will. Auch dieser Zugang sei später auf Betreiben der Gemeinde zugeschüttet worden. Der Roggensteiner Burghügel gibt seine letzten Geheimnisse nicht so schnell preis.

*Martin Bernstein*

Gut Roggenstein

Burgstall mit
Georgskapelle

Eichenau

200 m

N

**Anfahrt:** Die Adresse der Kapelle: Oberroggenstein 1 in Eichenau. Mit öffentlichen Verkehrsmitteln erreicht man die Georgskapelle mit der S-Bahn (S 8 Richtung Geltendorf, Haltestelle Eichenau). Vom Bahnhof führt ein Fuß- und Radweg entlang dem Bahndamm einen Kilometer weit bis zum Gut Roggenstein. Mit dem Auto von der B 2 (München – Fürstenfeldbruck) rechts nach Roggenstein. Am Starzelbach entlang bis zum Ende der Roggensteiner Allee (vier Kilometer). Ab hier zu Fuß über die letzte Brücke nach Gut Roggenstein. Auf einer Anhöhe beim Gutshof steht die Kapelle St. Georg.

**Öffnungszeiten:** Die 1911 wiederentdeckten Fresken in der Kapelle Sankt Georg in Roggenstein sind nur während der offiziellen Öffnungszeiten oder bei Sonderführungen zu besichtigen. Geöffnet ist die Kapelle an jedem ersten Sonntag der Monate Mai bis Oktober von 15 bis 17 Uhr. An diesen Tagen geben Mitglieder des 1969 von kunstsinnigen Bürgern gegründeten Kapellenvereins (www.roggenstein.eu) Auskunft über Kunst und Geschichte. Führungen außerhalb der Öffnungszeiten können bei der Vereinsvorsitzenden Ursula Mosebach gebucht werden (Tel. 08141/70577).

**Hörenswert:** Als künstlerischer Leiter betreut Christian Brembeck seit 2000 die Reihe der Sommerkonzerte mit Alter Musik in der Kapelle (www.christian-brembeck.de).

Am 28. Mai 1914 haben
König Ludwig III
u. die Königliche Familie
gelegentlich d. 800 Jahrfeier
der Burg Wittelsbach
auf diesem Platze geweilt.
V. u. B. Aichach
1930

WITTE
TER
DES
DUR

Also hier stehe ich auf
dem Boden
Ahnen. So
2. September
König Maximilian
als er den Burgplatz betrat.

# Wo der Königsmörder hauste

Während Oberwittelsbach seit 800 Jahren im Dornröschenschlaf liegt, boomt im Tal der Sisi-Tourismus

Ziemlich weit draußen. Dort, wo in Altomünster die fälschlich mit Ludwig Thomas Lokalbahn identifizierte S-Bahn-Linie A endet. Wo die Dörfer Plixenried oder Xyger, Übelmanna oder Sixtnitgern heißen. Oder, nicht von ungefähr, Pfaffenhofen. Dort, am Rande der von München aus betrachtet, bekannten Welt, beginnt das Wittelsbacher Land. Dort liegt die Stammburg jenes Geschlechts, das Bayern 800 Jahre lang seinen Stempel aufdrückte. Sie liegt – noch 30 Jahre später schaudert es traditionsbewusste Altbaiern bei dem Gedanken – seit der Gebietsreform in Schwaben.

**Immer wieder besuchen** Angehörige des Hauses Bayern den Burgplatz in Oberwittelsbach.

Oberwittelsbach. Eine schmale Straße führt zum Burgplatz. Den mächtigen Wall der einstigen Vorburg haben Kinder erobert – auf einer Rutsche sausen sie in den Graben. Hinter dem letzten Hof im Wald öffnet sich eine Lichtung. Ein Denkmal, ein paar Mauern, eine ramponierte Info-Tafel. Eine gotische Backsteinkirche, zugesperrt. Den Stammsitz einer der mächtigsten mittelalterlichen Fürstendynastien stellen Burgenfreunde (und vor allem

**Fantasievolles Unterfangen** trotz intensiver Ausgrabungen: Rekonstruktionsversuch der vor 800 Jahren zerstörten Burg Wittelsbach.

deren ritterbegeisterte Kinder) sich gemeinhin anders vor. Neuschwansteinmäßiger, irgendwie. Oder zumindest wie das Grünwald der „oiden Rittersleut". Nicht mal ordentlich parken kann man an der Burg Oberwittelsbach.

Das ist in Unterwittelsbach definitiv anders. Vom unübersehbar ausgeschilderten Buspark-

platz weisen Schilder („Sisi-Schloss 250 Meter",
„Sisi-Schloss 100 Meter") zu einem romantischen Wasserschloss, dessen Anmutung eher
ans Münsterland oder den Niederrhein denken
lässt. Ein breiter Wassergraben, eine Brücke, ein
neugotisches Kirchlein. Und als Scherenschnitt
in Plexiglas ein halbes Dutzend Mal sie. Sie. Sisi.
Elisabeth, Kaiserin von Österreich. Gebürtige
Wittelsbacherin aus der herzoglichen Nebenlinie
des Königshauses. Kindertage hat sie in Unterwittelsbach verbracht, wird gerne erzählt. Das
rechtfertigt die eine oder andere liebevoll ge-
machte Ausstellung im Schloss. Rechtfertigt den
Bus-Tourismus.

**Modell einer Mörtelmischmaschine** aus dem 11. Jahrhundert im Wittelsbacher Museum.

# Oberwittelsbach

Droben, auf der Stammburg ihrer Vorfahren, ist nicht viel los. Die jungen Gäste des Oberwittelsbacher Jugendhauses im Vorburgbereich würden vermutlich von toter Hose reden. „Also hier stehe ich auf dem Boden meiner Ahnen. So sprach am 2. September 1857 König Maximilian II. als er den Burgplatz betrat." Das ist auf einer Gedenktafel zu lesen. Man geht vielleicht nicht ganz fehl in der Annahme, dass dem König beim Anblick der kläglichen Überreste der Stammburg seiner Vorfahren halt auch nichts Gescheites einfallen wollte. Tatsächlich ist auf dem Oberwittelsbacher Plateau schon seit 800 Jahren nicht mehr allzu viel los. Im Jahre 1209 nämlich wurde die Burg geschleift und bis auf die Grundmauern abgetragen. Von einem Wittelsbacher.

Die ganze Geschichte ist ein bisschen verwirrend, so dass wir sie hier nur schematisch wiedergeben können: Angehöriger der Familie A tötet 1209 deutschen König im Haus eines Vertreters von Familie B. Daraufhin geht es mit Familie B rasant bergab, was Familie A (wiewohl ja eigentlich die des Mörders) nutzt, um sich endgültig in der Hocharistokratie zu profilieren. Der tote König ist ein Staufer (Philipp von Schwaben). Mörder und Profiteur sind Wittelsbacher. Und die Leidtragenden deren Rivalen aus dem Hause Andechs. Denn es folgt Herzog Ludwig der Kelheimer (Wittelsbacher!) dem Befehl des neuen Königs nur zu gern und zerstört die Burg

seines Cousins, des Pfalzgrafen Otto (Wittelsbacher!). Familienverhältnisse geklärt, Rivalen
ausgeschaltet, die Macht im knapp 30 Jahre
zuvor erworbenen Herzogtum dauerhaft gesichert – den Preis dafür zahlt Ludwig nur zu gerne. Die Zerstörung der eigenen Stammburg.

### Vergessene Steine

So richtig warm sind die Wittelsbacher in und
mit Wittelsbach eh nie geworden, darf man ver-

**Huldigung an das bayerische
Königshaus:** Wittelsbacher-
denkmal von 1832.

muten. Denn hundert Jahre zuvor nannten sie sich noch nach
ihrer eigentlichen Stammburg
Grafen von Scheyern. Weil einer der Ihren indes zum eigenen wie zum Seelenheil seiner
Nachkommen es für opportun
hielt, besagtes Scheyern (nahe
Pfaffenhofen) dem Benedikti-
nerorden zu schenken, musste
die Familie umziehen. So wurde Bayern wittelsbachisch – und
eben nicht scheyerisch. Doch
die Burg über der Paar geriet
allmählich in Vergessenheit.

Auf den Resten des Berg-
frieds oder der Burgkapelle
oder von beidem wurde im 14.
Jahrhundert eine Backsteinkirche errichtet. Meistens ist sie

verschlossen. Und so könnte die ruhmreiche, heutzutage unter anderem mit Autorennen und Bierherstellung beschäftigte Familie der Wittelsbacher mit ihrem Stammsitz nicht mehr viel Staat machen. Wäre nicht im Jahr 1980 der 800. Jahrestag der Übertragung der Herzogswürde auf Otto von Wittelsbach zu begehen gewesen. Zu diesem Anlass gruben Archäologen in Oberwittelsbach. Sie förderten interessante Bruchstücke aus der knapp tausendjährigen Geschichte der Burg zu Tage. Und sie legten die wenigen Mauern frei, die Herzog Ludwig seinerzeit niederzureißen vergessen hatte. Ein großes Glück. Denn so haben Kinder des 21. Jahrhunderts etwas, worauf sie herumklettern können in Oberwittelsbach.

*Martin Bernstein*

**Wittelsbacher Museum** im Aichacher Stadtttor und Sisi-Schloss in Unterwittelsbach (unten).

Burgstall Oberwittelsbach mit Kirche

Turmhügelburg

Wasserschloss Unterwittelsbach

250 m

**Anfahrt:** Auf der Stuttgarter Autobahn bis Adelzhausen. Weiter über Sielenbach nach Aichach. Mit der S-Bahn kommt man nur bis Altomünster (Linie A).

**Öffnungszeiten:** Die Mauern der heutigen Kreisstadt Aichach wurden aus Steinen der Burg „Wittelsbach" errichtet. Funde von den Ausgrabungen in Oberwittelsbach sind im Unteren Tor der Stadtbefestigung zu sehen. Das schöne Zweigmuseum der Archäologischen Staatssammlung München zeigt außerdem Funde zur Erdgeschichte und vorgeschichtlichen Besiedlung des Wittelsbacher Landes sowie Methoden der archäologischen Arbeit und der Mittelalterarchäologie. Es ist im Sommer täglich (außer Montag) von 10 bis 12 Uhr und 14 bis 16 Uhr geöffnet, von November bis März am Dienstag und Donnerstag von 10 bis 12 Uhr, an Sonn- und Feiertagen von 14 bis 16 Uhr.

**Wanderung:** Auf ausgeschildertem Weg von Ober- nach Unterwittelsbach. Das dortige Sisi-Schloss ist von Dienstag bis Freitag von 10 bis 17, am Samstag und Sonntag bis 18 Uhr geöffnet. Außerdem gibt es ein Café im Schloss, Tel. 08251/891869.

**Sehenswert:** Die Sühnekapelle auf dem frei zugänglichen Oberwittelsbacher Burggelände, die an den Königsmord von 1208 erinnern soll, ist nur zu Gottesdiensten (Termine unter www.pfarrei-aichach.de) geöffnet.

# Ein Turm, hoch wie der Himmel

Ungewisse Zukunft für eines der wichtigsten weltlichen Baudenkmäler der Romanik

Nun steht der Turm wieder da wie in Rudolf Münchs Jugend: Riesenhaft, düster, irgendwie bedrohlich. Und vor allem unzugänglich. Die Burg Haag ist versperrt und verrammelt wie in jenen mittelalterlichen Zeiten, als eben dies, das Versperren und Verrammeln, höchster Sinn und Zweck des Burgenbaues war, nur dass sich jetzt Sinn und Zweck deutlich schlechter erkennen lassen. Seit 2005 schläft die große Burg von Haag in Oberbayern einen Schlaf, den Dornröschenschlaf zu nennen sich leider mangels rettendem Prinzen verbietet; eher, so muss man sagen, ist sie nach einem Knockout seitens der Behörden des Freistaates Bayern nicht mehr aufgewacht.

**Haager Turm:** Entschlossen, sich keinen fremden Willen aufzwingen zu lassen.

Die Dachaufsätze sollen morsch sein, daher: Schließung seit 2005. Und überhaupt denken die Behörden daran, die ganze Burg an einen Investor zu verkaufen, wenn es einen gäbe; und weil es vielleicht nicht ganz einfach ist, einen denkmalgeschützten Ritterturm in ein Wellness Spa oder

Castle Relais umzuwandeln, könnte auch die Gemeinde Haag ihn haben, als Schnäppchen, für nur einen Euro. Die aber hat kein Geld für Renovierung und Unterhalt, die Bürgermeister des Haager Landes haben sich nun bei der Landesregierung beschwert, so zornig wie folgenlos. Und so dürfen die Haager Geschichtsvereinsfreunde nicht mehr hinein in ihren etwa 50 Meter hohen, auch innen perfekt erhaltenen Turm mit alten Stiegen, Schießscharten, steinernen Sitzbänken am Fenster und den Wächterstuben, von denen aus die Stadt zwergenhaft wie ein Spielzeugmodell erscheint – kurz, den Turm, den sie so liebevoll als Heimatmuseum eingerichtet haben, mit Burgmodellen, alten Kanonen, Ölgemälden.

Nur wenige kennen die Burg Haag, dabei liegt sie bloß 40 Kilometer östlich von München und ist eines der wichtigsten weltlichen Baudenkmäler der Hochromanik, der Zeit des Rittertums, des Minnesangs – eigentlich nicht das ideale Objekt zum Verscherbeln. Nun sind Burgen ja weniger Zeugen romantischer Ritterjahre als vielmehr einer archaischen Zeit, in der das Recht wenig und die eiserne Hand um so mehr galt. Hier, in Haag, an der Schnittstelle zweier Handelsstraßen, bot die Natur wenig Schutz. Die Burg Haag liegt, in einem sanft gewellten Land, lediglich auf einem kleinen Hügel, doch ihr Turm ragt hoch in den Himmel wie eine Demonstration der Entschlossenheit, sich keinen fremden Willen aufzwingen zu lassen.

# Haag

Rudolf Münch und Hubert Sailer, das Herz und die Seele des Haager Landesmuseums, sitzen unter Kastanien im Wirtsgarten vor der Burg und klagen über die in München. „Das ist ein einmaliges Denkmal, und wir fürchten, was ein Investor wohl damit anstellen könnte", so Sailer. Dass es das Museum überhaupt gibt, ist Münch, dem Veteranen, und dem Ministerpräsidenten Franz Josef Strauß zu verdanken. Das kam so: Münch war seinerzeit liiert mit einer jungen Dame, die Kindermädchen im Hause

**Hüter des zugesperrten Schatzes:** Rudolf Münch (links) und Hubert Sailer.

**Kleine Anfänge:** Burg Haag im 12. Jahrhundert (Modell im Burgmuseum).

Strauß war; so kam er mit dem Gewaltigen ins Gespräch und berichtete von dem verrottenden Turm. Nicht viel später, da sei der Strauß „mit seiner gesamten Entourage" aufgetaucht, habe sich die Sache betrachtet und sie von da an sehr gefördert.

Ärger mit dem bayerischen Staat, wie jetzt, das sind die Haager eigentlich gewohnt. Das kleine Gemeinwesen mit der mächtigen Burg ist eine freie Reichsgrafschaft gewesen; sie war ärmer als das Bayern der Wittelsbacher Herzöge, aber

weltanschaulich und religiös viel toleranter; schwächer, aber zäh in der Gegenwehr. Im 12. Jahrhundert, der erwachenden Welt der Hohenstaufenzeit, war die Haager Burg schon eine beachtliche Anlage. Nach außen bloß durch eine einfache Steinmauer geschützt, war ihr Prunkstück damals schon der mächtige romanische Burgturm; bereits 23 Meter hoch mit vieren seiner später sieben Geschosse und einem hölzernen Dach.

Der große, letzte Stauferkaiser Friedrich II. bestätigte die Burg 1245 als Besitz der Fraunberger Ritter. Siegfried von Fraunberg war im 14. Jahrhundert so stark, dass er sich erfolgreich mit dem mächtigen Erzbistum Freising herumschlug, wo man „die wilden Gesellen aus Haag" fürchtete. Die Burg wuchs mit den Jahrhunderten um Häuser, Türme, Mauerringe – und schrumpfte wieder

**Wo die Fledermäuse hausen:** Die Zukunft der Burg ist ungewiss.

**Alte Pracht:** Wappen in den Fenstern des Burgturms.

zusammen. Als zur napoleonischen Zeit Haag dann endgültig an Bayern fiel, veranstalteten die Herren aus München eine Art Abbruchparty; die einst treuen Untertanen demontierten das Anwesen aufs Gründlichste, und am Ende bleiben nur die Außenmauern – und der Turm. Grundstück unbebaut, notierten die Behörden in München.

Das machte die Sache nicht ganz einfach, als Rudolf Münch und seine Mitstreiter eben darin das „Museum des Haager Landes" einrichten wollten und in den Ämtern der bayerischen Vermögensverwaltung nicht gerade wohlwollend empfangen wurden. Wie es sich die Herren denn vorstellten, auf einem unbebauten Grundstück ein Museum einzurichten, ohne eines zu bauen? Der Hinweis, dort stünde ein kolossaler Burgturm, wurde mit dem Hinweis bedacht, die Verwaltung kenne keinen solchen Turm und in den Akten sei keiner verzeichnet.

Das Museum kam dann 1981 trotzdem hinein. Und jetzt ist es wieder dunkel im Turm, er gehört den Fledermäusen, bis er, hoffentlich, wieder erwacht und zeigen kann, was in ihm steckt.

*Joachim Käppner*

**Ehrliche Wirtschaft** mit Turmblick. Das Gasthaus „Zum Hofgarten" in Haag.

Gasthaus zum Hofgart

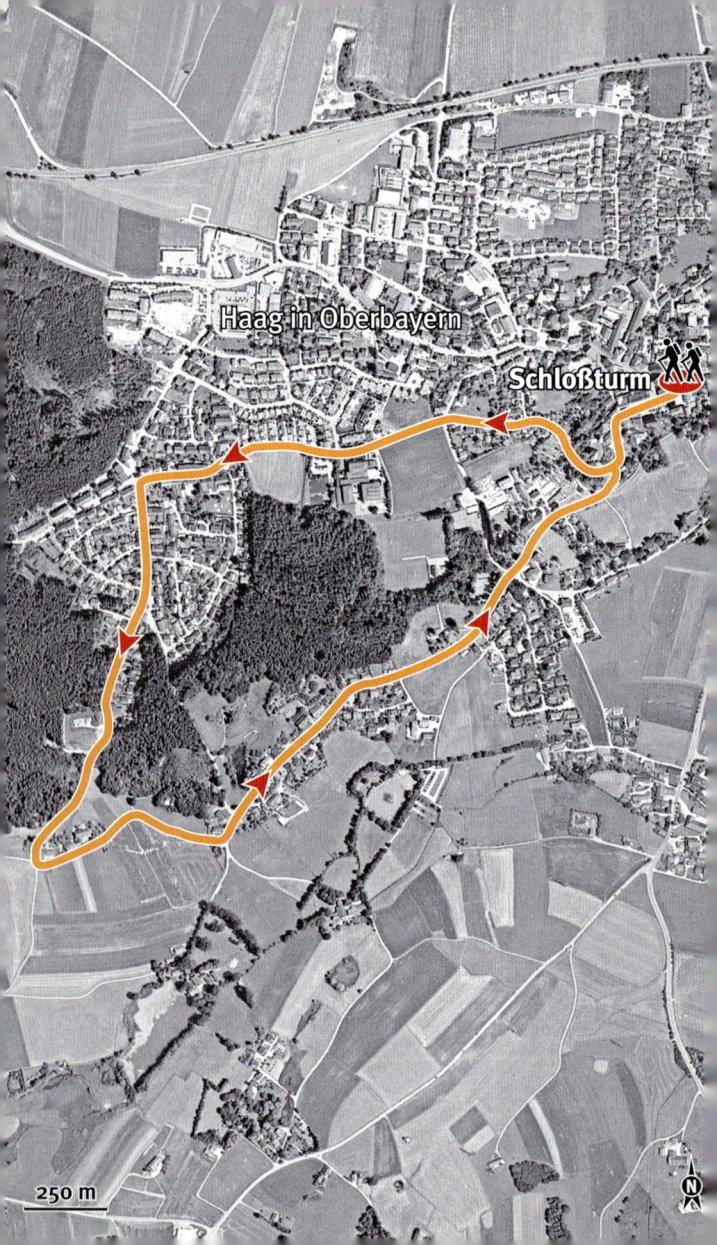

Haag in Oberbayern

Schloßturm

250 m

# Haag

**Anfahrt:** Burg und Stadt Haag liegen etwa 40 Kilometer östlich von München. Anfahrt mit dem Auto über die A 94, dann weiter über die B 12. Von München aus fahren auch Busse des Regionalverkehrs Oberbayern (www.rvo-bus.de).

**Öffnungszeiten:** Das ist eine traurige Sache, da das Museum des Haager Landes derzeit zugesperrt ist, ebenso wie das Burgtor, das in den großen Innenhof führt. Dort zeigen Steinplatten den Grundriss der früheren Burggebäude. Notgedrungenerweise bleibt es vorerst bei der Außenbesichtigung, die Ringmauer, der große Turm und ein kleiner Seitenturm sind aber vom Ort aus gut zu sehen, auch der alte, baumbestandene Platz unterhalb der Burg lohnt eine Besichtigung. Informationen über die Burg: Geschichtsverein der Reichsgrafschaft Haag e. V.; Kirchdorfer Straße 17, 83527 Haag, Tel. 08072/89 37.

**Wanderung:** Der Schachenwald im Westen bietet schöne Wanderwege. Empfehlenswert auch Radwanderungen über Dörfer und Wäldchen Richtung Wasserburg (www.landkreis-muehldorf.de)

**Einkehr:** Hier sieht die Sache schon besser aus. Gleich am Fuß der Burg liegt, mit lauschigem Freisitz, das Gasthaus zum Hofgarten, Hofgartenstr. 2, 83527 Haag, Tel. 08072/8281.

# In der Burg der bissigen Herren

Auf Schloss Amerang residierte um 1500 die Familie von der Leiter, Nachkommen der della Scala aus Verona

Das wird dem Kaiser dann doch zu bunt. Diese Herren von der Leiter ruinieren die ganze Außenhandelsbilanz. Nur weil sie sich einbilden, partout wieder Regenten von Verona und Vicenza werden zu wollen. Sicher, vor Gericht haben sie Recht bekommen. Aber das eine ist die Juristerei – das andere ist Politik. Und da zählt die Gunst der Serenissima, der reichen Handelsrepublik Venedig, nun mal erheblich mehr als irgendwelche uralten Ansprüche der Ameranger Burgherren.

**Ein Hauch von Italien** mitten in Oberbayern: der Innenhof von Schloss Amerang im Chiemgau.

„Della Scala" hatten sich die von der Leiter früher genannt, Stadtherren von Verona waren sie gewesen, verwandt mit Kaisern, Königen und Herzögen. Die berühmtesten Künstler ihrer Zeit hatten ihre Porträts in Stein gemeißelt. Bissige Namen trugen die Scaliger-Herren, benannt nach bösen Hunden – Mastino, Cangrande. Und bissig ging es in der Geschichte der weit verzweigten Sippschaft zu. Man könnte auch sagen: blutrünstig. Verwandtenmord war unschöne

**Kunstimport aus der Heimat:** Renaissance-Arkaden machen aus der Burg ein Schloss.

Tradition im Hause della Scala. Schließlich wurden sie aus Verona vertrieben, endgültig im Jahr 1404.

Die Söhne des letzten Veroneser Stadtherren Guglielmo mussten fliehen – Venedig hatte sie für vogelfrei erklärt und sogar einen Preis auf ihren Kopf ausgesetzt. Die Flüchtlinge kamen nach Bayern – und machten sofort wieder Karriere. Einer von ihnen, Nikodemus, brachte es zum Bischof von Freising. Sein Herrschaftsgebiet reichte damit – Ironie der Geschichte – fast wieder bis vor die Tore Venedigs. Nikodemus' Privatsekretär, Enea Silvio Piccolomini, sollte später sogar Papst werden. Was das alles mit Amerang zu tun hat? Die Geschichte beginnt mit Johann, dem Urenkel Guglielmos della Scala. Johann nennt sich jetzt eingedeutscht „von der Leiter" und gehört zum bayerischen Hochadel. 1497 heiratet er Margaretha von Laiming, die Erbin der damals schon mehr als 400 Jahre alten Burg Amerang im Chiemgau.

Nähert man sich heute dem Schloss Amerang – um das Museum zu besuchen, das in den Sommermonaten geöffnet ist, oder auch wegen eines jener hörenswerten Konzerte, die Burgherr Ortholf Freiherr von Crailsheim und seine Frau Giulia im Innenhof veranstalten – fällt die Wehrhaftigkeit der Anlage noch immer auf. Freilich: Der Bergfried, der große Burgturm, ist im 19. Jahrhundert abgetragen worden. Und bereits im Landshuter Erbfolgekrieg 1503 bis 1505 hatte der Bau einiges abbekommen. Dennoch: Die Außenmauern und im Inneren die Burgkapelle Sankt Georg aus dem 13. Jahrhundert erzählen noch von Zeiten, als auf Amerang Ritter hausten. Im gesamten Schloss „gibt es daher keinen rechten Winkel, weder in

**Innen festlich, außen wehrhaft:** Schloss Amerang zeigt dem Besucher zwei Gesichter.

den 40 Innenräumen noch im dreistöckigen Arkadenhof", heißt es auf der Homepage des Freiherrn-Ehepaars. „Der Arkadenhof, der größte unregelmäßige nördlich der Alpen, hat dadurch eine unvergleichliche Akustik erhalten, die ihn bei den beliebten Sommerkonzerten über Bayerns Grenzen bekannt gemacht hat."

Unter den italienisch-bayerischen Herren von der Leiter hielt nämlich die verfeinerte Lebensart der Renaissance Einzug auf Amerang. Burgherr Hans Warmund ließ die Arkaden im Innenhof einbauen, die zu den schönsten und stimmungsvollsten in Bayern gehören. Wenn

**Wehrmauern und Burgkapelle** von Amerang stammen noch aus der ritterlichen Zeit des Hochmittelalters.

sie nachts von hunderten Kerzen in warmes Licht getaucht werden und ein Ensemble etwa die Macchiavelli-Komödie „Mandragola" zu alter Musik zum Besten gibt, dann scheint das Florenz (oder Verona) des Cinquecento nicht weit entfernt zu sein.

Doch die Herren von der Leiter mochten sich mit solchen Träumen von ihrer italienischen Heimat nicht begnügen. 1495, 1500 und 1504 erstritten sie sich vor kaiserlichen Gerichten den Anspruch, die rechtmäßigen Herren über Verona und Vicenza zu sein. Der Haken an der Sache war nur – in Venedig hatte der Kaiser nichts zu sagen. Schlimmer noch: Die Kaufleute aus Nürnberg, Ulm und Augsburg, die gute Geschäfte mit der Dogenrepublik machten, wurden aufgeschreckt

**Eine weitere Attraktion** von Amerang ist das Bauernhausmuseum.

und protestierten beim Kaiser. Dass ein kleiner Chiemgauer Landedelmann aufgrund obskurer Rechtsansprüche Sand ins Getriebe der wie geschmiert laufenden Geschäfte bringen sollte – das war den „Pfeffersäcken" zu viel. Und der Kaiser, finanziell chronisch klamm und politisch keineswegs an einer Dauerfehde mit Venedig interessiert, knickte ein.

**Nikodemus della Scala,** Flüchtling aus Verona, brachte es im 15. Jahrhundert bis zum Bischof von Freising.

Stolze Festungen und verwunschene Ruinen

# Amerang

1511 hob Maximilian, der „letzte Ritter", nicht nur die Acht über die Seerepublik auf, er stellte sogar künftige Störungen des Handelsverkehrs mit Venedig unter Strafe. Da half es den Ameranger Herren von der Leiter auch nicht, dass 1522 Maximilians Enkel Karl V. ihre Ansprüche im Prinzip noch einmal bestätigte: Ihre Zeit war ein für allemal vorbei. Johann von der Leiter starb 1542 als Landhofmeister in München und wurde dort im Franziskanerkloster beerdigt – an der Stelle, an der heute im Bayerischen Nationaltheater italienische Opern erklingen. Sein Sohn Hans Christoph wurde zwei Jahre später bei kriegerischen Auseinandersetzungen erschlagen. Natürlich in Italien, wie man fast nicht mehr hinzufügen muss ...

1598 starb mit Johann Dietrich von Amerang der Letzte aus dem Geschlecht der Herren von der Leiter. Seinen Grabstein kann man noch heute in der Kirche des Dorfs bewundern. Und darauf das alte Wappen der stolzen della Scala aus Verona: die Leiter.

*Martin Bernstein*

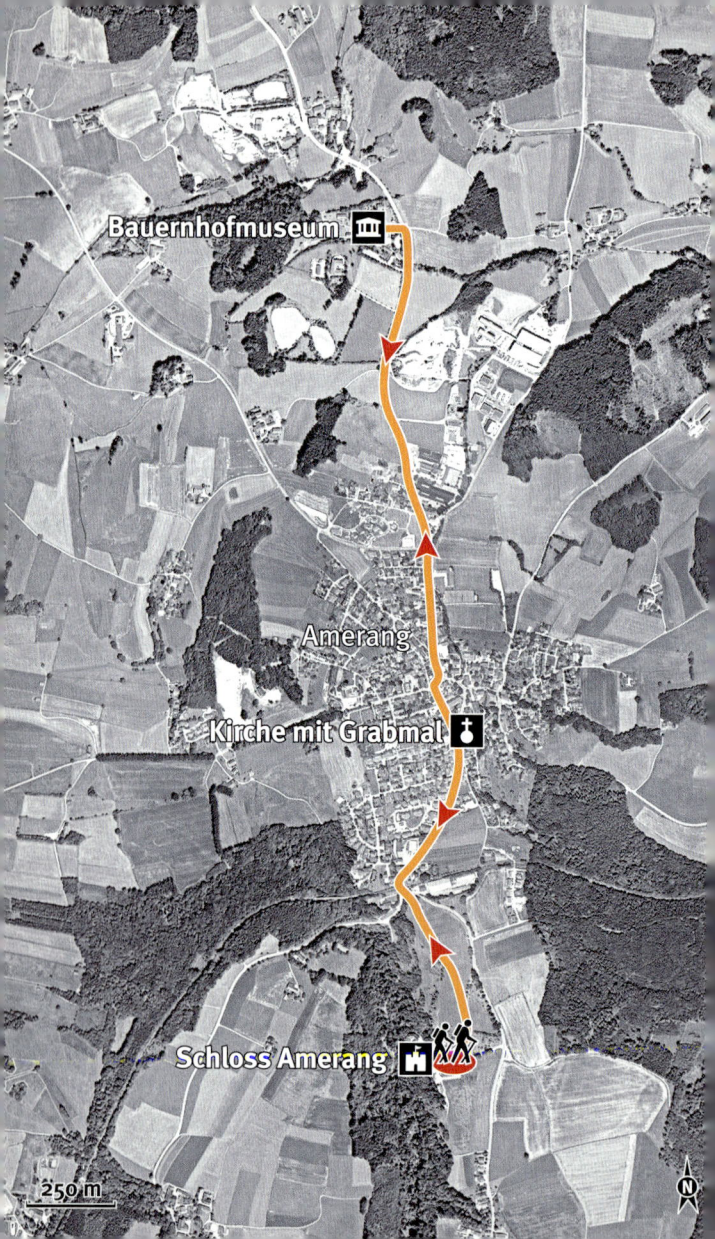

Bauernhofmuseum

Amerang

Kirche mit Grabmal

Schloss Amerang

250 m

N

**Anfahrt:** Genau in der Mitte zwischen München und Salzburg liegt Schloss Amerang. Mit dem Auto erreicht man Amerang auf der Bundesstraße 304 von München aus über Ebersberg und Wasserburg. Oder über die Salzburger Autobahn, Abfahrt Bernau, dann weiter über Prien und Bad Endorf. Zwischen Juli und Oktober besteht an Sonn- und Feiertagen eine Bahnverbindung zwischen Bad Endorf, Amerang und Obing. Fahrplanauskunft: www.chiemgauer-lokalbahn.de

**Öffnungszeiten:** Das Museum im Schloss Amerang ist von Ostern bis Mitte Oktober Freitag bis Sonntag und an Feiertagen geöffnet. Führungen finden um 11, 12, 14, 15 und 16 Uhr statt. Weil das Schloss aber auch beliebter Ort für Hochzeitsgesellschaften ist, empfiehlt sich ein vorheriger Anruf unter 08075/9192-0. Die Schlossbesitzer Ortholf und Giulia Freiherr und Freifrau von Crailsheim, Erben der Herren von der Leiter, veranstalten ein umfangreiches Kulturprogramm – von Konzerten bis hin zum Ritterfest. www.schlossamerang.de.

**Wanderung:** Von der Burg hinunter ins Dorf. Nach der Kirche mit dem Grabstein des letzten Herren von der Leiter zum Bauernhausmuseum Oberbayern (www.bauernhausmuseum-amerang.de).

**Einkehr:** Im Museumsstüberl des Bauernhausmuseums.

# Steinlawine schleift Felsennest

## Hohenwaldeck hoch über dem Schliersee gilt als Musterbeispiel einer Fehlgründung

Dies ist die Geschichte einer Burg, die ungefestigte Beziehungen belasten kann. Jedenfalls dann, wenn der eine Burgen liebt und nichts Schöneres weiß als zu ihnen hinaufzusteigen, und sei der Weg auch noch so weit und noch so steil; und wenn die andere diese Leidenschaft, so mild wie möglich gesagt, für eine verdammte Zumutung hält, typisch für diesen verschrobenen Gesellen, den sie in einer schwachen Stunde ... Sollte es, lieber Burgenfreund, zu diesem Stand der Debatte kommen, wird dringend zum Aufstieg ohne Gefährtin und murrende Kinder geraten. Murren Gefährtin und Kinder nicht, dann macht Burg Hohenwaldeck wirklich Spaß.

**Vogelperspektive:** Blick von der Burghöhe hinunter auf den See.

Es verhält sich nämlich so, dass der direkte Weg vom Schliersee durch den Bergwald äußerst steil ist und rätseln lässt, wie ihn einstmals wohl Ochsenkarren und Pferdewägen gemeistert haben; ja selbst das Kettenhemd eines gemeinen Burgmannen, vom eisernen Harnisch gar nicht zu reden, dürfte durch sein Gewicht ein veritables Annäherungshindernis gewesen sein. Hohenwaldeck ist eine der unbekanntesten Burgen Oberbayerns, aber auch eine der interessantesten. Tief von unten, von den frohen Gestaden des Sees aus, sieht man praktisch nichts von ihr; aber oben auf dem Felsen, 200 Meter über dem Wasser, steht eine beeindruckende, düstere Ruine.

Hohenwaldeck, die hochgelegene, wurde, wenn man so will, Opfer ihres Erfolgs. So hoch in den Berg hatten die Waldecker Ritter kurz vor 1300 die Feste gebaut, dass sie für jeden Angreifer uneinnehmbar war. Nur für einen nicht: Das Gebirge selbst. „Das Gebirge machte böse Miene, das Gebirge wollte seine Ruh, und deckte mit einer mittleren Lawine, die ganze Rasselbande zu", dichtete Erich Kästner. Und auch wenn es bei ihm um eine nächtens allzu lärmende Schar von Après-Ski-Freunden ging, so widerfuhr der stolzen Burg Hohenwaldeck doch ein nämliches Schicksal. Ende des 14. Jahrhunderts rumpelte eine Steinlawine den Berg hinunter und demolierte das Schloss irreparabel. Der Burgplatz war so spektakulär schlecht gewählt, dass der strenge Burgenforscher Otto Piper Hohenwaldeck 1895 in dem Kapitel „Fehlgründungen" seiner „Burgenkunde" als Musterbeispiel anführt.

Aber wie muss es in diesen 100 Jahren gewesen sein, hinunter auf die grandiose Seelandschaft zu schauen, unangreifbar, unerreichbar, unnahbar. Hohenwaldeck ist damit ein Symbol, wie die Gesellschaftsschichten des Mittelalters auseinanderrücken, Herren trennen sich von Dienern, Adelige verlassen die Dörfer und Weiler und bauen sich Steinburgen hoch über ihnen, aus

**So könnte Hohenwaldeck ausgesehen haben** – oder auch ganz anders. Burgenfantasie von Graf Pocci.

Nähe wird Ferne, aus Nachbarschaft Herrschaft und Unterwerfung.

Um 1300 wird die Burg erstmals gesichert erwähnt, von hier aus herrschen die Ritter von Waldeck im Auftrag des Freisinger Domstifts über das Tal, fordern die Freisinger dann frech heraus und schütteln die Oberhoheit der Kirche ab. Von

**Unbezwingbar:** Reste der Außenbastionen, 200 Meter über dem See.

hier aus kehren sie zurück ins Tal, nachdem sich der Berg die allzu stolze Burg geholt hat.

In der „Topographia Bavariae" von 1568 spricht Philipp Apian von „der Ruine einer uralten Burg, genannt Waldegk". Der Aufbau der Burg ist heute noch gut zu erkennen: Bis beinahe zehn Meter hoch sind die Außenmauern der Kernburg erhalten, die über die Steilwände ragen, nur an einer schmalen Stelle führt ein Sporn hinüber zum Berg. Exakt hier türmen sich gewaltige Felsen, auf denen der Eingangsturm stand, heute führt ein Steg seitlich vorbei über den Abgrund. Die Burg war, trotz ihrer Lage auf der einsamen Felsspitze, recht geräumig; freilich hat der Wald Teile des Areals zurückerobert. Freien Blick auf See und Berge bietet nur der Aussichtspunkt am Steilhang, um so freier aber ist die Phantasie, sich vorzustellen, wie der in der Dämmerung nicht ganz unspukige Ort wohl einmal ausgesehen haben mag.

**Düstere Steine:** Die Burg stand zur falschen Zeit am falschen Ort.

**Vom Wald überwuchert:** Die Ruine erschließt sich erst auf den zweiten Blick.

Und wenn man dann, heil zurückgekehrt, im Seegarten sitzt und das Wasser mild ans Ufer plätschert, wenn der Mond freundlich in das Bierglas scheint und die Welt ganz rund ist, schaut man noch einmal den Berg hinauf. Über Hohenwaldeck liegt tiefe Nacht.

*Joachim Käppner*

Schliersee

Schliersee

Oberleiten

Burg
Hohenwaldeck

Fischhausen

Neuhaus

500 m

N

# Burg Hohenwaldeck

**Anfahrt:** Von München aus über die A 8 Richtung Salzburg und die Ausfahrt Weyarn, bis Schliersee auf der Staatssraße 2072 und der B 307. Mit öffentlichen Verkehrsmitteln ist Schliersee mit der Bayerischen Oberlandbahn zu erreichen. In Holzkirchen umsteigen.

**Wanderung:** Ratsam und sehr schön ist der längere Auf- bzw. Abstieg über den Höhenweg von und nach Schliersee, über Kuhwiesen, Pferdeweiden und Almen, vor der Burg auf Holzstegen und schmalen Wegen durch den Wald. Ab Parkplatz Unterleiten Weg W 6. Abstieg nach Fischhausen am Südende des Schliersee, am Ufer zurück.

**Einkehr:** Seehotel „Schlierseer Hof" in Schliersee mit herrlichem Biergarten am Ufer.

**Sehenswert:** Der Ort Schliersee mit Badeplätzen und nostalgisch-altmodischem Minigolfplatz an der Uferstraße.

# Des Pfirsichs Kern

Beinahe hätte der nach Burg Wartenberg
benannte Seitenzweig der Wittelsbacher
die Kurfürstenwürde errungen

Im Jahr 1180 ist München ein ziemlich unbe-
deutendes Nest. Keine Rede von Weltstadt
mit Herz. Und kein bayerischer Herzog
käme auf die Idee, in der Kleinkrämersiedlung
an der Isar zu residieren. Heinrich der Löwe
ist sowieso lieber in Braunschweig gewesen und
kam nie nach München, das doch er gegründet
hatte. Und sein Nachfolger Otto
von Wittelsbach sieht nach Heinrichs Absetzung ebenfalls keine
Veranlassung, nach München um-
zuziehen. Warum auch?

**Eingang zur Kapelle**
auf dem Nikolaiberg:
Sie stammt aus dem
13. Jahrhundert.

Die Burg Wartenberg – heute im Landkreis
Erding gelegen – ist ein durchaus repräsentativer
Hauptwohnsitz für einen Herzog. Erst Ottos
Sohn Ludwig wird die Burg dann verlassen. Frei-
lich nicht zugunsten Münchens, sondern Lands-
huts. Wartenberg wird aufgegeben, verfällt, ein
Brand trägt das Seine zum raschen Verfall bei. Im
Jahr 1373 geben die Bewohner des Marktes, der
sich inzwischen am Fuß des Burghügels gebildet
hat, dem restlichen Gemäuer mit herzoglicher

Billigung den Rest und tragen die Steine davon. Aber trotzdem ist noch einiges zu sehen: Die spätromanische Nikolai-Kapelle mit dem mysteriösen Drachen-Türsturz und einige Wälle im Gelände des Wartenberger Burgbergs sowie das viel später entstandene Jagdhaus der Wittelsbacher (um das sich ein rühriger Förderverein kümmert) künden von der ritterlichen Vergangenheit des Ortes.

Wartenberg liegt verkehrstechnisch einfach im toten Winkel. Das ist um 1200 nicht anders als 2008. Nicht einmal die Münchner S-Bahn steuert den Ort an, der für 20 Jahre immerhin so etwas wie Bayerns heimliche Hauptstadt gewesen ist. Und der – würde die Geschichte mit der ihr innewohnenden Ironie nicht immer noch eine Pointe draufsetzen – Jahrhunderte später

**Der Löwenturm** am Münchner Rindermarkt gehörte Herzog Ferdinand, dem Stammvater der Wartenberger.

# Wartenberg

immerhin beinahe noch einmal einem bayerischen Herrschergeschlecht den Namen geliehen hätte. Denn die Wittelsbacher sind nicht nur zum Jagen, sondern auch auf verschlungenen dynastischen Wegen nach Wartenberg zurückgekehrt. Eine Geschichte, die beinahe einschneidende Folgen nicht nur für München, sondern für das ganze Altbaiern gehabt hätte.

**Sieht wehrhaft aus,** diente aber vermutlich als Wasserturm – der Löwenturm.

## Doch ein profaner Pfirsichkern änderte alles...

Man kennt das ja – nicht erst seit den „Jungen von Burg Schreckenstein" und „Harry Potter": Halbwüchsige in Internaten und trickreiche Kunststückchen, das ist eine Sache, die ganz dumm ausgehen kann. Womit wir dann aber auch schon wieder weg von Hogwarts und ganz nah bei Wartenberg wären. Und ein bisschen auch beim rätselhaften Löwenturm in München.

Unser glückloser Zauberlehrling heißt Maximilian Emanuel von Wartenberg. Und wir schrei-

**Auf jedem Hügel** eine Kirche – das Erdinger Land um Wartenberg.

ben den 3. August des Jahres 1736, als Max Emanuel auf die fatale Idee kommt, seinen Internatskollegen in der Ritterakademie Ettal zeigen zu wollen, welchen Trick er drauf hat. Ein Wartenberger Heimatbuch beschreibt den Adeligen als „jung, hochbegabt und übermütig", also durchaus potteresk. Der Junge mit der Narbe freilich hätte mit einem knackigen Impedimenta-Fluch sicher vermieden, was dem ritterlichen Eleven widerfährt.

Max Emanuel nämlich will zeigen, dass er einen in die Luft geworfenen Pfirsichkern mit den Zähnen wieder auffangen kann – aber er erstickt daran. Ohne das Malheur von Ettal wären die Wartenberger (und also wohl tatsächlich Max Emanuel) 40 Jahre später bayerische Kurfürsten geworden. Dann hätte es in Freising keine Säkularisation, in München keine Pfälzer Weinstube und keinen Kini im Starnberger See gegeben. Anders formuliert: Die bayerische Geschichte wäre anders verlaufen ohne besagten Pfirsichkern.

Um das besser zu verstehen, muss man das Knäuel der wittelsbachischen Familienbande um rund 150 Jahre zurück (vom Ettaler Obstkernwurf aus gerechnet) entwirren. Im Jahre 1587 lernt der Zweitgeborene und damit von der Regierung des Herzogtums ausgeschlossene Wittelsbachersproß Ferdinand die Beamtentochter Marie Pettenbeck kennen. Aus seiner Hochzeit mit einer anderen Maria, nämlich der schottischen Stuart-Königin, ist umständehalber nichts geworden. Marie Pettenbeck ist, weiß besagtes Wartenberger Heimatbuch, „blutjung und bildschön – aber arm und einfacher Leute Kind". Wobei Kind durchaus wörtlich zu verstehen ist: Der 37-jährige Herzog hat sich in eine 14-Jährige verliebt. Doch nicht das Alter der Angebeteten erbost Ferdinands Bruder Wilhelm, sondern das Nicht-Standesgemäße der Liaison. Eine Bürgerliche!

Marie und Ferdinand, der soeben Bayerns ersten Hexenprozess mit schließlich 63 Opfern

**Drache und Löwe** neben dem Weltenbaum – Relief auf dem Türsturz der Wartenberger Nikolaikapelle.

eröffnet hat, wollen indes nicht ablassen von ihrer Mesalliance. Am 23. September 1588 bekommen sie die Erlaubnis zu heiraten. Im Gegenzug muss Ferdinand für sich und seine Nachkommen auf alle Erbrechte verzichten.

Mit einer Ausnahme: Sterben Wilhelms Nachfahren im Mannesstamm aus, dann ist Ferdinands Linie an der Reihe. Keine besonders guten Karten für die am Ende 16 Kinder des Paares. Aber immerhin: Ab 1606 dürfen sich Ferdinand und seine Söhne Grafen von Wartenberg nennen. Freilich residieren sie nicht in Wartenberg – die dortige Wittelsbacher-Festung steht

**Ein Gedenkstein** erinnert daran, wie die einstigen Burgherren zu bayerischen Herzögen wurden.

zu dieser Zeit schon lange nicht mehr. Sondern in München, wo der bekannte und erst jüngst für rund eine Million Euro restaurierte Löwenturm am Rindermarkt als Wasserturm zum prächtigen Wartenberger Lustgarten gehörte.

Im Jahr 1777 hätte dann die große Stunde der Wartenberger geschlagen: Bayerns Kurfürst Maximilian III. Joseph, letzter Nachkomme Herzog Wilhelms, stirbt kinderlos. Der Weg wäre frei für die Sprösslinge von Marie und Ferdinand. Doch da liegt deren Ururenkel Max Emanuel schon seit 41 Jahren in geweihter Münchner Erde. Weil er seinen Internats-Schabernack nicht hat lassen können. Von wegen Lord Voldemort: Ein kleiner Pfirsichkern genügt oft schon, um den Lauf der Geschichte zu verändern.

*Martin Bernstein*

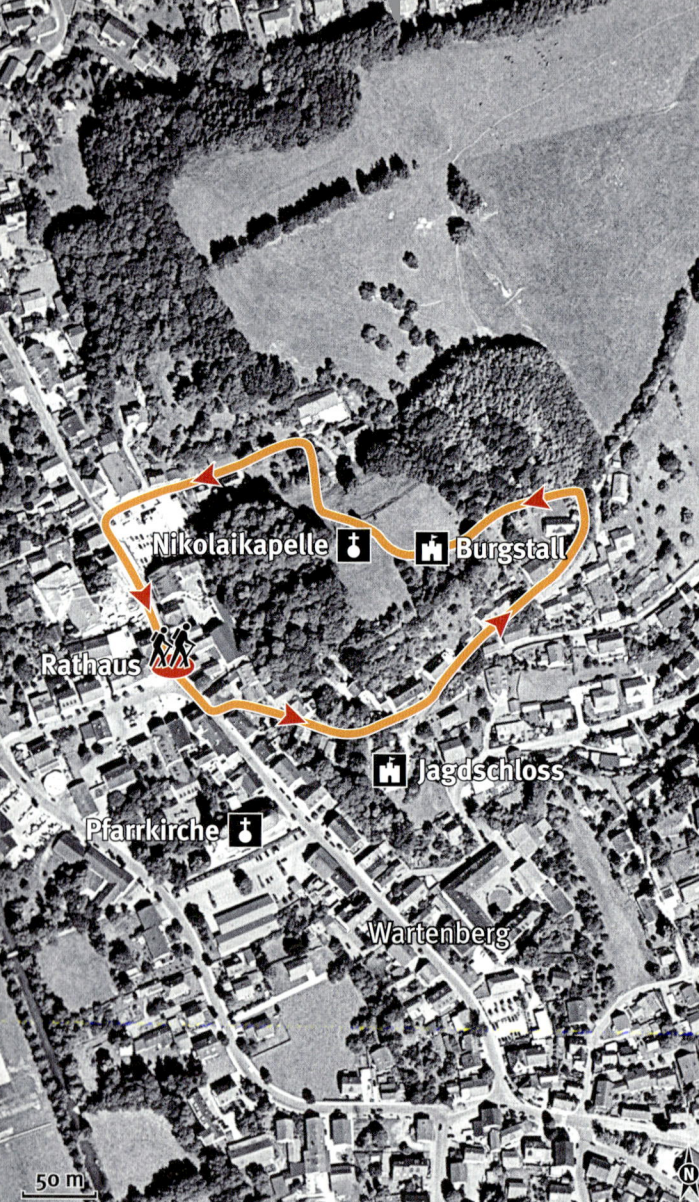

Nikolaikapelle

Burgstall

Rathaus

Jagdschloss

Pfarrkirche

Wartenberg

50 m

N

# Wartenberg

**Anfahrt:** Auf der Deggendorfer Autobahn A 92 bis Anschluss-stelle Moosburg-Süd. Von dort weiter auf der St 2085 bis Wartenberg. Die S-Bahn (Linie 2) fährt nur bis Erding, aber der Regionalbus Nr. 501 fährt von dort aus mehrmals am Tag nach Wartenberg.

**Wanderung:** Der Marktflecken mit seinem alten Ortskern liegt am Flüsschen Strogen, am nordöstlichen Rand des ehemaligen Erdinger Mooses. Vom Burgberg hat man einen herrlichen weiten Blick nach Süden, Westen und Norden. Aufstieg vorbei am alten Schulhaus, dem ehemaligen Jagdschloss der Wittelsbacher.

**Sehenswert:** Die Wartenberger Nikolai-Kapelle steht an der Stelle der alten Grafen- und Herzogsburg. An die Burg selbst erinnert ein 1855 errichteter Gedenkstein zur 700. Wiederkehr der Befreiung Kaiser Friedrich Barbarossas in der Etschklause durch Otto von Wittelsbach-Wartenberg. Die Baugeschichte der sehr alten Kapelle ist rätselhaft, es fehlen schriftliche Nachrichten. Dem Baustil nach ist die Kapelle in der Übergangszeit von der Romanik (Zahnschnitt, Rundbogen) zur Gotik (Spitzbogen am Turm und im Inneren) um 1230/50 zu datieren. Fundamente eines Kultraums aus der Bauzeit der Burg im 12. Jahrhundert wurden 1979/80 ausgegraben. Über dem Portal auf der Südseite ist ein steinernes Tympanon eingemauert. Es zeigt im Flachrelief rechts einen Löwen mit erhobener Pranke, in der Mitte einen Baum und links einen Basilisken, ein drachenähnliches Fabeltier. Das steinerne Bogenfeld ist möglicherweise von der eigentlichen Burgkapelle des 12. Jahrhunderts übriggeblieben. Näheres zur Kirche: www.MariaeGeburt.de.

# Kämpfen, brauen und bewirten

Auf dem 700 Jahre alten Schloss Kaltenberg werden drei Traditionen mit Geschäftssinn und Erfolg gepflegt

Go straight to hell, boy…" Den Schwarzen Ritter und sein sinistres Gefolge verschluckt am Ende des Spektakels die Hölle, einfach so. Der Turnierplatz liegt unschuldig und sauber im warmen Licht der Abendsonne. Die ersten Kinder stürmen, bewaffnet mit Papphelmen und Holzschwertern, die Arena. Rund 12 000 Besucher haben in Kaltenberg den Sieg des Guten über das Böse bestaunt. Und den Sieg der Fantasie über das wirkliche Rittertum.

**Die alten Rittersleut'** im 21. Jahrhundert: Fantasievolles Ritterturnier auf Schloss Kaltenberg.

Denn natürlich ist das nach Veranstalterangaben größte Ritterturnier der Welt alles andere als eine historisch exakte Rekonstruktion. Kaskadeure und Stuntmen zeigen ihr Können, die Geschichte um Mut, Hinterlist und Zauberei ist weit mehr dem Fantasy-Genre als einem mittelalterlichen Turnierbuch entsprungen. Und doch: Schließlich war die hohe Zeit ritterlicher Turniere das 16. Jahrhundert, die Epoche also, als Feuerwaffen und besoldete Landsknechte den letzten Rittern bereits endgültig den Garaus gemacht hatten. Fantasy also schon damals die Vorstellung, ein einzelner kühner Recke hoch zu Ross könne den Lauf der Dinge mit Ritterlichkeit beeinflussen.

**Fast 600 Jahre alt** ist der mächtige spätgotische Bergfried der Kaltenberger Burg.

Stolze Festungen und verwunschene Ruinen

# Kaltenberg

Ob es auf Burg Kaltenberg jemals Ritterturniere gegeben hat, bevor sie der Wittelsbacher-Prinz Luitpold von Bayern im Jahr 1980 so eindrucksvoll wiederbelebte, ist nicht nachweisbar. Als die Burg im Besitz der Haltenberger erstmals erwähnt wird, kennt man schon seit 300 Jahren Regeln für die Durchführung von Turnieren. Buhurt (das Massenspektakel) und Tjost (das Lanzenduell zweier Berittener) dienten nicht zuletzt dem Training der Ritter – und, wenn zufälligerweise mal gerade kein Kriegszustand herrschte, auch als Beschäftigungstherapie. Die Wurzeln reichen wahrscheinlich in den Orient zurück: Arabische Reiterspiele fanden auf dem Weg über das maurische Spanien ihren Eingang in die höfische Welt des Abendlandes.

Der 1531 in Ingolstadt geborene Geograph und Mathematiker Philipp Apian hat in seiner 1568 erschienenen „Topographia Bavariae" Schloss Kaltenberg bereits als alte Festung bezeichnet. In einer Adelsfehde um 1300 ging die erste Burg unter. Im Jahr 1420 baute sie der Augsburger Patrizier Peter Rehlinger wieder auf. Im 16. Jahrhundert wurde auf Schloss Kaltenberg der bayerische Geschichtsschreiber, Staatsmann und Entdecker des Nibelungenlieds, Wiguläus Hundt, geboren. Da waren die Zeiten auf der ehemaligen Feste – Bergfried und Befestigungsgraben entstammen noch dem Mittelalter – schon erheblich friedlicher geworden. Sogar eine Schloss-Taverne gab es damals bereits.

1611 wurde das Schloss von den Jesuiten über-
nommen – mit einem nochmaligen kriegerischen
Intermezzo im Dreißigjährigen Krieg: 1633 ver-
wüsteten die Schweden die Burg. 1781 ging die
Anlage in den Besitz des Malteserordens über.
Mit der Säkularisation wurde Kaltenberg wieder
weltlich. Die Anlage wurde im neugotischen Stil
umgebaut, was man insbesondere dem Bergfried
noch heute ansieht.

Wie die Burg damals ausgesehen hat, zeigen
Darstellungen aus der Hand des Malers Lorenzo Quaglio, der als Mieter auf Kaltenberg
wohnte.

Im Jahr 1871 begann auch die Kaltenberger
Tradition des Bierbrauens. Auch sie wird vom
Urenkel des letzten bayerischen Königs mit großem Erfolg fortgesetzt. Seit 1955 gehört der ehemalige Wehrbau wieder den Wittelsbachern, die
die Burg 1292 hatten erbauen lassen. Wer durch
das Burgareal schlendert, hat einige Mühe, Alt

und Neu auseinander-
zuhalten. Da sind die
Wirtschaftsgebäude
und sogar eine klei-
ne Wassermühle, die
durchaus einen Ein-
druck davon geben
können, wie es im
Mittelalter im Umfeld
einer Burg ausgesehen
hat. Da ist die Brücke,

# Kaltenberg

**Der Künstler Lorenzo Quaglio** lebte im 19. Jahrhundert als Mieter auf Kaltenberg und zeichnete die Anlage.

die in den großen Burghof führt. Und da sind Fresken, die der Manessischen Liederhandschrift entlehnt sind und zeigen, wie sich das Mittelalter selbst sah. Zumindest die höfische Gesellschaft jener in Wirklichkeit für die oberen Zehntausend gar nicht so finsteren Epoche.

Das Leben der kleinen Leute, der Bauern und Handwerker, des fahrenden Volks, der Gaukler und Quacksalber, aber auch der Kranken und am Rande der Gesellschaft Lebenden – das können jährlich rund 100 000 Besucher beim Mittelaltermarkt rund um das Ritterturnier

# Kaltenberg

erleben. Allem Kommerz zum Trotz: Wer einmal zugeschaut hat, wie ein Schmied aus einem Metallstück in mühevoller, schweißtreibender Handarbeit ein Messer formt, der bekommt einen Eindruck davon, wie es in Europas vorindustrieller Epoche zugegangen ist.

Vor allem für Kinder ist dieser Markt häufig eine noch größere Attraktion als das eigentliche Ritterturnier. Wo sonst kann man Hunnen und Kelten, Normannen und Renaissance-Menschen, falsche Ritter und einen echten Prinzen an einem Nachmittag sehen. Dass am Spektakel, das der Wittelsbacher Luitpold von Bayern einst nach einem England-Besuch ins Leben gerufen hat, so manches nicht authentisch ist: Die 700-jährigen Mauern der Burg Kaltenberg werden es mit Standhaftigkeit ertragen.

*Martin Bernstein*

**Viele Laiendarsteller** und rund 100.000 Besucher kommen seit 1980 zum Kaltenberger Ritterturnier.

# Kaltenberg

**Anfahrt:** Mit der S-Bahn-Linie 8 kann man zur Endstation der Linie 8 nach Geltendorf fahren. Vom Bahnhof aus (im Süden der Gemeinde) sind es fünf Kilometer bis nach Kaltenberg. Mit dem Auto erreicht man Kaltenberg über die A 96 Richtung Landsberg, Abfahrt Windach, dann über Geltendorf nach Kaltenberg.

**Öffnungszeiten:** Die Termine für das alljährlich im Juli stattfindende Ritterturnier stehen im Internet unter www.ritterturnier.de. An Turniertagen gibt es einen Shuttlebus vom S-Bahnhof Geltendorf zum Schloss. Das Burggelände kann außerhalb des Turniermonats frei besichtigt werden. Eine Innenbesichtigung der Räume ist allerdings nicht möglich.

**Wanderung:** Vom S-Bahnhof Geltendorf nach der Unterführung am Bahndamm entlang. Dann links auf Feldwegen und durch ein Waldstück hinauf Richtung Kaltenberg. Dauer: etwa eineinhalb Stunden.

**Einkehr:** Stärkung gibt's auf dem Burgberg. In der Burg ist das Schlossrestaurant untergebracht. Im Vorburgbereich steht die rustikalere Ritterschwemme.

# Gesamtkunstwerk über dem Loisachtal

## Stationen des Niedergangs: Vom stolzen Bergfried zum lausigen Turm für „Malefikanten"

Die großartige Ruine Werdenfels sollte man von Norden her erklimmen. Dann bekommt man, erstens, ein Gespür für ihre spektakuläre Lage, weil es auf schmalen Pfaden steil bergauf geht zum Hintertor und den oben drohenden Wällen der Festung. Zweitens wird man nicht, wie am Haupttor, gleich mit einer etwas arg belehrenden Info-tafel empfangen, die dem Besucher offenbar den Spaß vermiesen will. Sinngemäß lässt sie den Leser etwa wissen, das Burgleben in der Ritter-

**Läuse und Langeweile?** Von wegen. Im Palas von Werdenfels hat es sich aushalten lassen.

zeit sei völlig anders gewesen, als der Ignorant von Laie annehme, und habe vor allem zwei Probleme gekannt, nämlich Läuse und Langeweile. Wir wollen nicht hoffen, dass diese Einschätzung auf gesicherten Erkenntnissen beruht: Werdenfels, weithin bekannt als die Burg, in der die Tage öd verstrichen und kein Zeitvertreib war außer dem Knacken des Ungeziefers im Haar ... Ulrich von Hutten, Krieger und Humanist, hat in der ausgehenden Ritterzeit, 1518, freilich beschrieben, wie das typische Burgleben aussah, und langweilig war es bestimmt nicht: „Die Burg ist nicht als angenehmer Aufenthalt, sondern als Festung gebaut. Innen ist sie eng und durch Stallungen zusammengedrängt. Reiter kommen und gehen, darunter Räuber, Diebe und Wegelagerer. Denn für fast alle stehen unsere Häuser offen, weil wir nicht wissen, was das für Leute sind, und uns nicht groß danach erkundigen."

Einigen kann man sich gewiss darauf, dass die Burg Werdenfels niemals Schauplatz großer Belagerungen war. Als Ruine ist sie schön erhalten und eine Art bayerisches Gesamtkunstwerk: Auf steilem Felsen thronen die alten Mauern gut 80 Meter über dem Loisachtal und dem Garmischer Land, ihrerseits himmelhoch überragt von den Wänden des Kramerstock-Massivs. So stand sie, möglicherweise schon um 1180 gegründet, über Jahrhunderte da – als sichtbares Zeichen der Herrschaft, und zwar jener der Kirche. Durch Tausch und Kauf und reiche Gaben an Wein hatte das Hochstift Freising die Anlage den örtlichen und heruntergekom-

menen Ritterfamilien abgehandelt, nun war sie eines der Verwaltungszentren der reichsunmittelbaren Grafschaft Werdenfels, bis 1806 nicht den bayerischen Kurfürsten unterworfen.

Manchen Forscher verführt der Anblick der relativ dünnen Mauern zu dem Schluss, Werdenfels sei ein besseres Amtshaus der Kirchenherren

**Ein festes Haus**: Burg Werdenfels um 1600. Rekonstruktionsversuch von Alfred Schmidt, 2007.

**Fröhliches Burgleben:** Wandmalerei in der Werdenfelser Hütte neben der Ruine.

gewesen, nur besonders schön gelegen. Hält man
sich die Entstehungszeit vor Augen, sieht die Sache freilich anders aus: Vor Erfindung der Kanonen war die Burg schon durch ihre Lage bestens
geschützt. Auf drei Seiten fällt der Felsen tief und
steil zu Tal und nur nach Westen ist der Zugang
einigermaßen bequem. Hier aber sicherten die
Burg der leider verschwundene große Turm, Tor,
Vorburg und Graben. Belagerungsgerät von drunten hochzuschleppen, wäre ohnehin ein wenig
aussichtsreiches Unterfangen gewesen.

# Werdenfels

Wie es war auf dieser Burg, dürfte ein Streitthema für Regionalhistoriker bleiben. Wie es hätte sein können, erlebt der Gast gleich nebenan, beim Besuch der wunderbaren Werdenfelser Hütte; eine altmodische Einkehr wie jenseits von Raum und Zeit: Dunkle Holzwände, bemerkenswert rustikale Stammtischrunden – und rauchvergilbte Wandmalereien aus königlich bayerischer Zeit, die das Burgtreiben als fröhliches Idyll zeigen: Starke Männer, schöne Maiden, Bierhumpen und ein erlegter Hirsch für das abendliche Mahl.

Im Dreißigjährigen Krieg (1618 – 1648) dürfte die Burg bereits ein Schatten ihrer selbst gewesen sein, der Amtssitz war längst ins bequemere Tal verlegt. 1684 schimpfte ein Chronist dann über „die durchlöcherten Seiten Maurn" den „noch stehenden vieröckerten, von Ungeziffer angefillten, vormals vor die Malefikanten verordneten gewesten Thurm". Das klingt gar nicht schön und lässt ahnen, was für ein fieses Gefängnis Übeltäter hier erwartete. Und leider muss man hinzufügen, dass zu den beklagenswerten Malefikanten im 16. und 17. Jahrhundert, dem Zeitalter der Glaubenskriege, auch Hexen und „Unholde" zählten – oder jene, die man dafür

**Stattliche Mauern:** Überreste der Wohngebäude (oben) und der Außenmauern.

hielt. Das ritterliche und keineswegs ganz finstere Mittelalter, gewiss keine Epoche für Zartbesaitete, hing zumindest diesem Wahn weit weniger an. Vom Wach- und Wehrturm zum Verließ für die Opfer religiösen Fanatismus, über die hier der berüchtigte Hexenrichter Kaspar Poysl urteilte – das war das Schicksal des Bergfriedes. Er

# Werdenfels

ist der einzige fast gänzlich verschwundene Teil der Burg, seine Steine wurden drunten im Tal verbaut, und nur ein überwucherter Schutthaufen erinnert an all das Böse, was hier geschah.

Ein wesentlich angenehmerer Aufenthalt war naheliegenderweise der Palas, das große Wohngebäude der Burg, dessen massive Außenmauern mit den großen Fenstern teils noch in fast voller Höhe stehen. Weit schweift der Blick ins Tal, und leicht kann man sich den Burgherrn vorstellen, der morgens von hier aus auf das satte Tal drunten sah und dachte: „Meins! Alles meins!" Der Kronprinz und spätere König Max II. soll Mitte des 19. Jahrhunderts sogar an einen Wiederaufbau der Burg gedacht haben, aber dazu kam es leider nie. Oder auch: Glücklicherweise – sonst stünde hier, in der Einsamkeit des Bergwaldes, heute ein zweites Neuschwanstein.

*Joachim Käppner*

Farchant

Loisach

Burgrain

Burgruine
Werdenfels

Garmisch-Partenkirchen

500 m

N

**Anfahrt:** Von München über die A 95 bis zum Autobahnende bei Eschenlohe fahren, weiter auf der B 2 in Richtung Garmisch-Partenkirchen bis Farchant. In Farchant in der Nähe der Kirche parken.

**Wanderung:** Von Farchant aus führt der Weg zunächst an der Kirche vorbei über die Wiesen zum Saum des Waldes, dann am Fuß des Berges entlang immer nach Süden. Nach einer Weile wird es schweißtreibend: Es geht steil hinauf und wieder hinunter, aber dann ist man schon am Burghang, den es serpentinenreich hochzukraxeln gilt. Gut beschildert, wenn auch mit völlig wahllosen Zeitangaben. Von Farchant aus sind es aber je nach Tempo eine bis anderthalb Stunden zur Burg.

**Einkehr:** Direkt vor dem Zugang zur Burg liegt aufs Malerischste die Werdenfelser Hütte, mit Kachelofen, sehr schön erhaltener alter Einrichtung und alten Wandmalereien über das Burgleben, Tel. 08821/3333.

**Sehenswert:** Eine Schönheit auf den zweiten Blick ist Farchant, und zwar die der vielbefahrenen Durchfahrtsstraße abgewandte Westseite: Mit alten Bauernhäusern, Kramerladen und weiten Wiesen ein überraschendes Idyll.

# Der wilde Heinz aus der Höhle

## Die unbezwingbare Höhlenburg trotzte selbst Kaiser Maximilian

E s ist stockdunkel, man hört Gekicher und ängstliches Kindergeflüster. Dunkel raunt eine Stimme irgendetwas von einem Turm, den man je nach Neigung als „Blut-, Hunger- oder Leichenturm bezeichnet hat". Und nun bitte weiter zur Stätte schlimmer Martern …

Derlei bekommt zu hören, wer Burg Stein an der Traun aufsucht, Europas größte und am besten erhaltene Höhlenburg, nahe des Chiemsees am steilen Ostufer der Traun errichtet, einer Nagelfluhwand. Nun leben wir in Zeiten der Geheimnislosigkeit, in denen nicht mehr Gespensterfurcht und Spukgestalten umgehen, sondern äußerst wohlmeinende Didaktiker und Museumspädagogen. Noch die letzte Ruine im Finsterwald suchen sie mit Lehrtafeln, online-Präsentationen und Erlebniswanderwegen heim. Aber nicht in Stein an der Traun.

Das beginnt bei dem älteren Herrn mit Baseballkappe, der die Besucher am talseitigen Aufstieg zur Höhlenburg empfängt und der, aus

**Dunkel raunen die Stimmen:** Blick auf die äußere Befestigung (oben) der Höhlenburg.

schmalen Augen in die Runde schielend, etwa so vertrauenerweckend wirkt wie das Faktotum Riffraff in der Rocky Horror Picture Show. Und dann nimmt er die Besucher mit in die dunklen Fabelwelten der Höhlenburg, in der einst ein Unhold hauste, der Ritter Heinz vom Stein, genannt der Wilde, erkennbar durch bemerkenswert üble Manieren und seine nach Eberart vorstehenden Eckzähne. „Ganz a Böser war der", zischt der Führer, als ob er selbst eine späte Inkarnation des Fürchterlichen sei.

So schöne Geschichten: 16 Kilometer lange Geheimgänge führten weit ins Land, das der

**Wo die Raubritter hausten**: Ansicht der Vorburg im 19. Jahrhundert.

Raubritter mit Brand überzog, und keiner vermochte sich zu erklären, wie er ungesehen aus der Burg herauskam. Eine Nische im Fels dient dem Führer als Beleg: „Da begann der Gang", raunt er, „aber alles ist lang schon verschüttet, sehr lang." Die schönsten Mädchen raubte der böse Mann auf diese Weise und die Tränen der Unglücklichen benetzten die steinernen Wände ihres Felsverlieses. Die „liebreizende Waltraud" stach sich hier zur Wahrung ihrer Unschuld gar den Dolch in den holden Busen, nicht ahnend, wie nah die Rettung war. Ihr treuer Verehrer, der tapfere Siegfried, war

„Blutturm, Leichenturm":
Außenturm der Burg.

schon durch List in die unbezwingbare Burg eingedrungen und drosch dem wilden Heinz den Beidhänder dermaßen über die Rübe, dass auch der jäh sein Leben aushauchte – Siegfried, der glücklose Retter aber, erkennt in ihm den Vater! Die Miene des Burgführers nimmt hier den Ausdruck eines Mannes an, der alle Abgründe der menschlichen Natur hat kennenlernen müssen. Es ist enormer Blödsinn. Es ist wunderbar.

Den bösen Heinz hat schon Karl Valentin in seinem Münchner Kabarett über die „Ritter vom Unkenstein" gern gespielt. Die wahre Geschichte der Burg ist freilich dramatisch genug. Die Ritter derer von Stein tauchen schon um 1130 in den Chroniken des nahen Klosters Baumbach auf, und zwar als arge Landplage. Bernhard vom Stein muss Buße leisten, da er drei Baumbacher Knechte erschlug. Und das war nur der Anfang, der allein schon erklärt, wie die Sage vom wilden Heinz aus der Höhle entstand. Die vom Stein nutzten die Höhlen in der 50 Meter hohen Steilwand über der Traun geschickt als Wohnräume, geschützt durch eine starke Außenmauer mit Zinnen und Fenstern. Spätere gotische Säulen im Inneren zeugen davon, dass man drinnen auf ein angemessenes Ambiente Wert legte. Denen vom Stein folgte um 1200 das Geschlecht derer von Toerring, was nichts an dem üblen Zeugnis ändert, das diverse Kirchenchronisten über sie ablegen – was Michael Weithmann überzeugend als „subtiles Machtmittel" beschreibt. Im Kampf um Land und Einfluss nutzten die kirchlichen Herren, hier speziell die Erzbischöfe von Salzburg, neben Schwert und Lanze auch die Waffe der Schrift, die ihren Feinden vom niederen Landadel nur begrenzt zu Gebote stand.

1504 zeigte sich, aus welch hartem Holz die Höhlengrafen von

**Gänge im Fels:** Blick ins Innere der Höhlenburg.

# Stein an der Traun

**„Ganz a Böser war der":** Heinz vom Stein mit geraubter Schönheit.

Toerring geschnitzt waren, die ihre Burg inzwischen zur veritablen Festung ausgebaut hatten. Kaiser Maximilian, der berüchtigte Burgenbrecher in dieser Endzeit des Rittertums, zog während des pfalzgräfischen Krieges mit Heeresmacht vor den Felsen und belagerte ihn. Adam

**Ritter vom Unkenstein:** Der Komiker Karl Valentin liebte die Stein-Geschichten.

von Toerring indessen ließ den Herrscher wissen, er „wolle lieber dem Teufel in der Hölle dienen". Ursula Pfäffingerin, die Äbtissin von Frauenchiemsee, hat die Folgen beobachtet: „Am 1. November brach Ihre Majestät zu Traunstein auf ... Die von Stein waren pfalzgräfisch und hielten sich hochmütig, hängten eine große weiße Fahne heraus, darin ein weißes Kreuz, bliesen die Trompeten und schossen in hohem Bogen." Es war ihnen nicht beizukommen in ihren Grotten. Maximilian zog ab.

Heute präsentiert sich die Anlage wohlerhalten. Zu Füßen des Steilfelsens liegt das Untere Schloss, die alte Vorburg, die teils Internat ist und teils zur Schlossbrauerei gehört. Nichts gegen Internate, wirklich, aber die Brauerei (was gibt es dort? Heinz vom Stein-Bier, klar) ist doch wesentlich einladender. Über steile Stiegen geht es in die Höhlenburg, die mit Treppen, Schießscharten und Wächterausguck, dem endlos tiefen Brunnen, verschachtelten Zimmern und dunklen Gängen auch ohne den wilden Heinz ein echtes Erlebnis ist. Hier steht auch seine „Original-Rüstung", ein Turnierharnisch aus dem 15. Jahrhundert, den der böse Heinz aus dem 13. nur mittels einer Zeitreise hätte tragen können. Aber wer weiß, vielleicht birgt die Höhle auch einen Zeittunnel. Ein enger Weg jedenfalls führt steil durch den Fels nach oben auf das Plateau, zum Neuen Schloss, den Resten der alten, wie einen Topf auf die Höhlenburg gesetzten Gipfelbefestigung. Von dort aus führt ein netter Spazierweg den Berg hinunter ins Tal der Traun, praktischerweise direkt zum Schlossbiergarten. Oben hat der grimmige Führer übrigens noch eine hochseriöse Broschüre des Burgfreundevereins verkauft: „Schloß Stein in Geschichte und Gegenwart ... wie es wirklich war". Und schien es nicht, als habe er dabei ganz leicht gegrinst?                    *Joachim Käppner*

Traun

Höhlenburg 🏰

Stein an der Traun 🚉

100 m

N

# Stein an der Traun

**Anfahrt:** Von München ist man, falls es am Irschenberg nicht wieder Stau gibt (und wann gibt es den nicht?) rasch über die A 8 Richtung Salzburg in Stein an der Traun. Nach dem Chiemsee bei der Ausfahrt Traunstein nach Norden abbiegen, dann sind es noch 20 Minuten. Oder aber von München mit der Regionalbahn nach Traunstein, weiter mit dem Bus 9442 nach Stein an der Traun (www.bahn.de, www.rvo-bus.de).

**Öffnungszeiten:** Nur mit Führung zu besichtigen. Führungen vom 1. April bis einschließlich dritten Sonntag im Oktober, Dienstag bis Sonntag, jeweils um 14 Uhr. Zusätzlich gibt es vom 15. Juli bis zum 15. September von Dienstag bis Sonntag eine zusätzliche Führung um 16 Uhr. Montags geschlossen.

**Wanderung:** Von der Ortsmitte auf den Burgberg, mit schönem Rundblick von der Höhe auf die Klosterkriche Baumburg, hinunter zur Traun und entlang dem Flüsschen zurück.

**Einkehr:** Das Gute liegt sehr nah. Direkt zu Füßen des Felsens ist der Brauereigasthof Martini in einem hübschen, von Zwiebeltürmchen gekrönten alten Gebäude zu finden. Innen auf akzeptable Weise modernisiert, traumhafter kleiner Biergarten unter Bäumen, Tel. 08621/5084711.

**Sehenswert:** Das Gesamtensemble der drei Burgteile, deren spektakulärster natürlich der im Felsen ist (nur mit Führung, April bis Oktober). Informationen: Verein der Freunde der Burg Stein, Tel. 08621/2501). Die alte Schlossbrauerei Stein (seit 1489!) ist ebenfalls einen Besuch wert.

# Folge fürstlichen Verfolgungswahns

## Kühner Hofrauchfangkehrermeister rettet die längste Burg Europas vor den Panduren

Die längste oder die größte Burganlage Europas? Die größte nicht, schon die nahe gelegene Feste Hohensalzburg dürfte ihr an Baumasse gleichkommen. Aber die Burg zu Burghausen repräsentiert mit genau abgeschrittenen 1043 Metern Länge ohne jeden Zweifel die „längste" Burg unseres Kontinents!

Über einen Kilometer lang erstrecken sich ihre Mauern, Türme, Basteien, Wehr- und Wohnbauten auf dem schmalen Felsrücken zwischen der Salzach und dem Wöhrsee, einem ehemaligen Flussarm. Diese außerordentliche Längenausdehnung hat die Burg ihrer einzigartigen topographischen Lage auf der nach drei Seiten steil abfallenden Bergzunge zu verdanken, die andererseits auch für die Enge der gesamten Burganlage verantwortlich ist. An manchen Stellen rücken die Wehrgänge auf knappe 60 Meter zusammen.

Die von der Natur begünstigte Lage hat sicher schon in der Frühzeit Menschen angezogen,

**Treppengiebel und Erker** auf Konsolen sind typische Bauformen der späten Gotik um 1500.

doch genauere Nachrichten erreichen uns erst Mitte des 12. Jahrhunderts. Nach dem Aussterben der Grafen von Burghausen richtete sich 1164 Herzog Heinrich der Löwe, der kurz zuvor den Markt München gegründet hatte, hier über der Salzach ein. Seine Burg diente der Überwachung der Salztransporte. Auch die bayerischen Herzöge aus dem Haus Wittelsbach bauten sie zu einer Grenzburg zum rivalisierenden Erzbistum Salzburg aus. Burghausen diente als bayerischer Sperrriegel gegenüber dem seit dem

**Burghausen war ein wichtiger Umschlagplatz** für Salz. Eine Fahrt auf den nachgebauten „Salzplätten" ist auch heute noch ein kleines Abenteuer.

13. Jahrhundert salzburgischen Rupertiwinkel mit den Hauptorten Tittmoning und Laufen.

Während der Teilung Bayerns in mehrere Herzogtümer von 1255 bis 1504 stieg die Burg an der Salzach zur – nach Landshut – zweiten Residenz des „Unteren" oder „Niederen Bayern" auf. Das 15. Jahrhundert war die glanzvolle Zeit der drei „Reichen Herzöge von Niederbayern", Heinrich, Ludwig und Georg.

**Auf schmalem Felsrücken:** die längste Burg Europas.

Sie förderten Handel und Wirtschaft und bemühten sich zum ersten Mal in Bayern um eine geregelte Buchführung. Ihren legendären Schatz verwahrten sie in einer noch heute sichtbaren Tresorkammer in der Inneren Burg.

Sechs Vorhöfe reihen sich hintereinander, in denen sich früher das tägliche Leben der Burgbewohner abspielte. Heute tummelt sich dort ein buntes Leben um Kunst- und Fotogalerien, die Theaterakademie und mehrere originelle Kleinmuseen. Sechs schwer befestigte Tore waren zu durchschreiten, um in die eigentliche Herzogsburg auf dem äußersten Bergsporn zu gelangen. Drei Torbauten sind noch erhalten, darunter das wappenverzierte Georgstor, ein imposantes Beispiel spätgotischer Befestigungskunst, das in die weitläufige herrschaftliche Vorburg führt. Erst von dort eröffnet sich der Weg durch die drei Meter starke Schildmauer hindurch in den Hof der inneren Burg. In den herzoglichen Gemächern ist die Staatliche Sammlung spätmittelalterlicher Tafelmalerei untergebracht. Von der hochgelegenen Aussichtsplattform genießt man einen grandiosen Blick auf die gotische Dachlandschaft und die restaurierten Häuserfassaden des darunter liegenden Städtchens am grün glitzernden Fluss.

Altstadt und Burg bilden ein geschlossenes und wohlerhaltenes Ensemble spätmittelalterlicher Urbanität. Adalbert Stifters Ausspruch, Burghausen komme ihm vor „wie aus einem altdeutschen Gemälde herausgeschnitten und hierher gestellt", darf auch heute noch gelten.

### Wenig heroische „bairische Witwen- und Kinderstube"

Dem Burggemäuer über der Salzach kam im ausgehenden Mittelalter die wenig ritterliche Aufgabe zu, als Wohn- und Verbannungsort für alternde Herzoginnen und ihre Kammerzofen zu dienen. Heinrich der Reiche schob hierher seine Gemahlin Margarete von Habsburg ab. Sein Sohn Ludwig „hatt' hier viel gelitten, Mangel an Geld, Kleidern und Pferden gehabt", wie der Chronist Aventinus vermerkt. Ludwigs Sohn Georg führte 1475 errötend die polnische Königstochter Jadwiga (Hedwig) zum Traualtar: „Ein hüpsch Mensch und darzue gerad und ein

**Die Gewölbe muss man sich bemalt** und mit freund-
lichen Teppichen und Gobelins bedeckt vorstellen.

lieblichs Angesicht und schaut gar frei mit den
Augen". Aber auch sie, die einst so schöne Braut
der berühmten Landshuter Hochzeit von 1475,
verlebte dann bis 1502 ihre letzten 20 Lebens-
jahre auf der Burg.

So wie sich die Burg in ihrer monumentalen
Dimension dem heutigen Betrachter präsentiert,
ist sie ein Werk fürstlichen Verfolgungswahns.
Denn als Georg, der letzte der Landshuter
„Reichen Herzöge", das Ende seiner Dynastie
voraussah, ließ er Burghausen von 1479 bis
zu seinem Tod 1503 zu einem schier unüber-

**Blick vom Wöhrsee** hinauf zum ältesten Teil der Burg auf dem äußersten Bergsporn.

windlichen Bollwerk ausbauen, aus Angst, sein Münchner Vetter Albrecht – einer der wenigen Fürsten, die den Beinamen „der Weise" zu Recht tragen – könne ihn beerben.

Die „Türkenfurcht" spielte jedenfalls keine Rolle, obwohl sie manchmal als Grund für den bombastischen Festungsausbau genannt wird. Sie ließ sich aber trefflich einsetzen, um Gelder und Steuern für die Rüstung zu erheben. Ein sehr moderner Gedanke!

Auf Georg den Reichen geht die 20 Meter hohe und 3 Meter starke Schildmauer zurück, welche die gesamte Innere Burg abdeckt. Jenseits des Wöhrsees erhebt sich seitdem auf dem

Eckenberg der imposante runde Pulver- und Batterieturm, der mit 10 „Feuerschlünden" bestückt war.

Aber auch ein freundlicheres Kleinod entstand damals inmitten der Wehrmauern, die feine Hedwigskapelle im vierten Burghof mit reizvoller spätgotischer Ausstattung. Sie wurde 1489 geweiht und diente Georgs vernachlässigter Gemahlin Herzogin Hedwig als privater Andachtsraum.

Ungeachtet all der klafterdicken Mauern und waffenstarrenden Arsenale vermochte Georg der Reiche jedoch nicht den Übergang Niederbayerns an die oberbayerische Linie zu verhindern. Den Landshuter Erbfolgekrieg entschied der oberbayerische Herzog Albrecht der Weise im Jahre 1504 für sich. Die Burg öffnete kampflos ihre Tore.

## Der kühne Kaminkehrer

Erst im 18. Jahrhundert, als ihre Befestigungen längst nicht mehr zeitgemäß waren, wurde die Burg im Österreichischen Erbfolgekrieg auf eine ernsthafte Probe gestellt. Im Jahre 1742 bereiteten ihr österreichische Kanonenkugeln eine späte Feuertaufe. Unter der kurbairischen Besatzung tat sich der Hofrauchfangkehrermeister Franz Carl Cura durch besondere Tollkühnheit hervor, indem er die von den österreichischen

Panduren besetzte Burg im Handstreich wieder zurück eroberte. Kurfürst Max III. Joseph dankte ihm mit dem allerhuldvollsten Privileg des Weißbierausschanks. Ein weiterer Schlagabtausch mit den Habsburgern endete 1779 mit der Abtretung des bis dahin bayerischen Innviertels an Österreich. Erst seitdem verläuft inmitten der Salzach die Staatsgrenze.

Im späteren 18. Jahrhundert diente das Burggelände als Kaserne und als düsteres Zuchthaus. Viele Illuminaten (Mitglieder des aufklärerischen Illuminatenordens) schmachteten hier. 1809 ritt Empereur Napoleon Bonaparte höchstpersönlich in die Burg ein und tat mit Blick auf die unten liegende Stadt den denkwürdigen Ausspruch: „Voilà – la ville souterraine!" Als gelernter Artillerist erkannte er, dass Burghausen als neuzeitliche Festung zwar nicht mehr tauglich war, seine Baumassen aber einem Gegner doch noch einen Stützpunkt bieten könnten. Also ließ er mehrere mächtige Bollwerke abbrechen, was seine bayerischen (Noch-) Verbündeten beflissen ausführten.

Auf Geheiß König Ludwigs I. wurden Burg und Stadt 1837 dem Regierungsbezirk Oberbayern angegliedert. Die romantischen Dichter des 19. Jahrhundert wanderten gern durch die verwinkelten Gassen und an den mit Efeu überzogenen Mauern vorbei und ließen sich von der in Schönheit verarmten Spitzwegidylle inspirieren. Rainer Maria Rilke beabsichtigte 1917 gar, sich „durch die Stiftung eines Baumes mit der merkwürdigen Stadt dauernd zu verbinden". Allein, die Tat scheiterte, weil sich der Poet mit seiner damaligen Gefährtin Regina Ullmann nicht auf eine Föhre oder Linde zu einigen vermochte.

**Im herzoglichen Burghof** erklingt im Sommer manchmal mittelalterlicher Minnesang.

Der Fürstenbau beherbergt eine Zweiggalerie der Staatlichen Gemäldesammlungen. Gezeigt werden spätgotische Tafelbilder. Der Gang ins Museum lohnt sich aber auch wegen des Besuchs der Kapelle und der herzoglichen Wohnung, die mit Mobiliar und Wirkteppichen ausgestattet ist. Im Dürnitzbau ist ein modernes Informationszentrum zum Burgenbau untergebracht. Die 30 Räume des Kemenatenstocks enthalten die reichen Sammlungen des Stadtmuseums.

Drei weitere originelle Museen sind über die Vorhöfe verstreut: Im äußersten Burghof trifft man auf das Städtische „Haus der Fotografie", unweit davon auf die Galerie der Künstlergruppe „Die Burg" und im vierten Vorhof droht der reichlich groteske „Folterturm". Ein Tipp für Fotografen: Das beste Panorama auf Burg und Altstadt bietet sich vom jenseitigen, oberösterreichischen Hochufer aus.

*Michael Weithmann*

Burghausen

Burg

Salzach

200 m

# Burghausen

**Anfahrt:** Von München fahren nahezu stündlich Züge nach Burghausen, Fahrtzeit circa zwei Stunden. Mit dem Auto von München auf der B 12 Richtung Osten fahren (Passau/Mühldorf). In Mühldorf Nord weiter auf der A 94 bis Ausfahrt Burghausen, dann auf der B 20 bis Burghausen.

**Öffnungszeiten:** Burg Burghausen Tel. 08677/5659. Außenanlagen ganzjährig zugänglich; Staatliche Sammlungen von April bis September 9 bis 18 Uhr geöffnet, Donnerstag auch bis 20 Uhr. Oktober bis März 10 bis 16 Uhr. Stadtmuseum (Kemenatenbau), Tel. 08677/65198. 15. März bis 30. April und 1.Oktober bis 1. November 10 bis 16.30 Uhr; 1. Mai bis 30. September 9 bis 18.30 Uhr. Geschlossen vom 2. November bis 14. März. Führungen, Plättenfahrten: Stadt-Information Burghausen, Stadtplatz 112. Tel. 08677/887-140 oder -141.

**Wanderung:** Entlang der Salzach nach Kloster Raitenhaslach (6 km, auch mit Fahrrad). 1146 ließen sich die Zisterzienser hier an der Salzachschleife nieder. Die Klosterkirche erstrahlt in prächtigem Rokoko.

**Einkehr:** Nicht minder üppig präsentiert sich der Klostergasthof mit großem Biergarten.

**Empfehlenswert:** Auf nachgebauten Salzplätten kann man sich heute von Tittmoning aus am Kloster Raitenhaslach vorbei bis Burghausen treiben lassen – ein unvergessliches anderthalbstündiges Erlebnis quer durch die ruhige Naturlandschaft des Weilharter Forstes.

# Auftragsmord und Fürstenhochzeit

## Wie kaum eine andere Burg spiegelt die Festung Trausnitz bayerische Geschichte wider

„Ludovicus dux bavariae castrum et oppidum in Landshuet construere cepit." Der das in tadellosem Latein vor rund 800 Jahren niederschrieb, war ein Zeitgenosse. Für die Gründung der Burg Landshut – der heutigen Feste Trausnitz – im Jahr 1204 ist er der Kronzeuge: Abt Hermann von Niederaltaich. Und der erwähnte Ludovicus? Herzog von Bayern ist er, der zweite Herrscher aus der Familie der Wittelsbacher. Später wird er den Namen „der Kelheimer" tragen. Merkwürdigerweise nach der Stadt, in der er von Auftragskillern im Jahr 1231 vom Leben zum Tod befördert wird. Doch Ludwigs große Liebe ist Landshut. „Es pautens im die Juden auf, die setzt er auch drein, als dann ein alter brief zu scheftlarn bezeugt." Das schreibt der Historiker Aventinus 300 Jahre später. Vermutlich zurecht. Schon 1256 werden nämlich Juden am Fuß des Hofbergs erwähnt.

**Der Bergfried** von Burg Trausnitz stammt noch aus dem Erbauungsjahr 1204.

Mit der Burg Trausnitz, wie sie sich heute bei der Anfahrt von München her dem Besucher

**Künstlerische Details** aus
dem Mittelalter ...

präsentiert, hat Ludwigs Festung
nicht viel zu tun.

Jahrhundertelang ist an der
Burg gewerkelt, umgerissen, neu
gebaut worden. Noch im 16. Jahrhundert konnten Münchner Hof-
künstler in dem mittelalterlichen
Gemäuer ihrer neuesten Vorliebe
frönen: der aus Italien und den
Niederlanden importierten Renaissance. Bevor diese neue Epoche Einzug halten konnte, wurde
freilich ganz unritterlich um das
reiche Landshuter Teilherzogtum
gekämpft. Bis am 5. Februar 1505
der Landshuter Erbfolgekrieg –
und mit ihm die zwischenzeitliche Teilung
Südbayerns in die Herzogtümer München und
Landshut – endete. Obwohl die Herzöge von
Bayern Landshut die reicheren und wohl auch
kultivierteren waren – man denke nur an die
glanzvolle, heute alle vier Jahre nachempfun-
dene Landshuter Fürstenhochzeit –, siegte im
Kampf der wittelsbachischen Vettern die Ab-
teilung Bayern München. Denn sie hatte den
Kaiser auf ihrer Seite. Naja, man kennt das ja
aus dem Fußball ...

Außerdem hatte den reichen Landshutern ihr
ganzes Hochzeitsbrimborium nichts geholfen:
Herzog und Herzogin waren ohne männliche
Erben gestorben, die Erbtochter samt Gemahl

im Verlauf des zweijährigen Kriegs verschieden, deren erbberechtigte Söhne noch minderjährig. Von da an nahm Bayerns Geschichte den bekannt monolithischen Verlauf. Dennoch mag die unhis-

**... und der Renaissance,** wie die Arkaden im inneren Burghof – architektonische Schmuckstücke.

torische Frage erlaubt sein: Was wäre gewesen, wenn ... ? Hätten wir dann eine EU-Außengrenze irgendwo nördlich von München? Wären Erding und Moosburg (damals Niederbayern) aus der Perspektive der Münchner Bayern feindliches Ausland? Hätte die S2 von Dachau nach Erding also nicht wegen Winterein- und Weichenbrüchen Verspätung, sondern weil übereifrige Landshuter Grenzer die Besucher der Therme bis auf die Badelatschen filzen würden? Auch der S-Bahn-Ringschluss zwischen Freising und Erding hätte – weil grenzüberschreitend – kaum Chancen auf rasche Verwirklichung. Kurz: Alles wäre anders. Völlig anders. Wie gut, dass Bayern München gewonnen hat.

**Der Zwingerweg ist ein Meisterstück** der Festungsbaukunst. Eindringende Feinde hatten hier keine Chance.

Doch zurück zum Landshuter Gründervater Ludwig, der nichts davon ahnte, dass sich seine Nachfahren wegen der von ihm gegründeten Stadt einmal die Köpfe einschlagen würden. Schon zu seinen Lebzeiten ist die Burg über der Isar ein stattlicher Bau: „Überragt wird sie wie heute vom Bergfried, dem „Hohen Turm". Das Eingangstor wird von runden Türmen flankiert, Palas, Kapelle, gewölbte Dürnitz und Kemenate rahmen den Burghof. Der Palas ist dem Herzog vorbehalten, die Dürnitz dem Gefolge, in der Kemenate, dem einzigen beheizbaren Raum, leben die Frauen.

**Ritterlicher Nothelfer:** Spätgotisches Relief an der Stadtpfarrkirche in Landshut.

Schon die erste Landshuter Burg war reich ausgestattet. Ludwig war nicht nur Herzog von Bayern und schon in dieser Eigenschaft einer der wichtigsten Fürsten des Reichs. Er kontrollierte die nördlichen Zugänge zu den für die italophilen Stauferkönige so immens wichtigen Alpenübergängen nach Italien. Und er war Stellvertreter des Kaisers, Reichsverweser. Kurz: Gleich nach dem fabulösen Friedrich II., dem „stupor mundi", dem „Staunen der Welt" auf dem Kaiserthron, war Ludwig der zweitmächtigste Mann zwischen Alpen und Nordsee. Einen kleinen Eindruck davon, wie prächtig seine

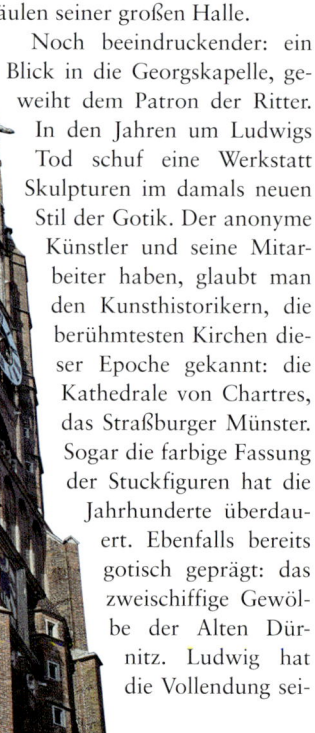

Burg geschmückt gewesen sein muss, geben vier skulptierte Konsolsteine, die Besucher gleich zu Beginn einer Burgführung in der neuen Dürnitz zu sehen bekommen. So wie Ludwig eine der Stützen staufischer Herrschaft (und seiner eigenen Interessen) war, so stützten in Stein gemeißelte Figuren einst die Säulen seiner großen Halle.

Noch beeindruckender: ein Blick in die Georgskapelle, geweiht dem Patron der Ritter. In den Jahren um Ludwigs Tod schuf eine Werkstatt Skulpturen im damals neuen Stil der Gotik. Der anonyme Künstler und seine Mitarbeiter haben, glaubt man den Kunsthistorikern, die berühmtesten Kirchen dieser Epoche gekannt: die Kathedrale von Chartres, das Straßburger Münster. Sogar die farbige Fassung der Stuckfiguren hat die Jahrhunderte überdauert. Ebenfalls bereits gotisch geprägt: das zweischiffige Gewölbe der Alten Dürnitz. Ludwig hat die Vollendung seiner Burg nicht mehr erlebt. Am 15. September 1231 wird er auf der Kelheimer Donaubrücke von einem Unbekannten ermordet. Praktischerweise für den Auftraggeber der Bluttat wird der Täter sofort gelyncht. Seit damals halten sich Gerüchte, dass kein anderer als der Kaiser selbst, den Killer geschickt hat. Der zweite Wittelsbacher ist dem Staufer zu mächtig und zu papstfreundlich geworden. Nach einer Version der Geschichte sollen es gar Mitglieder der geheimnisvollen Assassinen-Sekte gewesen sein, die den Herzog töteten. Islamistischer Terror im 13. Jahrhundert? Wer aus Ludwigs Lieblingsburg weit übers Land schaut, mag darüber nachdenken und spekulieren.

*Martin Bernstein*

**Der höchste Backsteinkirchturm der Welt** und spätmittelalterliche Fassaden prägen das Gesicht der Landshuter Altstadt.

**Anfahrt:** Auf der Deggendorfer Autobahn A 92 bis Landshut-Süd. Die Abzweigung zur Burg Trausnitz ist ausgeschildert. Züge von München nach Landshut fahren ständig. Die Fahrt ins niederbayerische „Ausland" dauert gut 45 Minuten.

**Öffnungszeiten:** Von April bis September täglich 9 bis 18 Uhr, Oktober bis März 10 bis 16 Uhr. Die letzte Burgführung beginnt jeweils eine Stunde vor dem Ende der Öffnungszeit. Am Faschingsdienstag ist geschlossen, ebenso an Silvester, Neujahr, Heiligabend und am ersten Weihnachtsfeiertag. www.burg-trausnitz.de

**Spaziergang:** Wer mit der Bahn kommt, kann den Burgberg per pedes erklimmen (oder den Bus mit der Nummer 7 nehmen). Das Auto stellt man am besten auf dem Parkplatz oberhalb von Burg Trausnitz ab. Besonders romantisch sind Spaziergänge durch den 27 Hektar großen Hofgarten mit Tiergarten, Damwild- und Ziergeflügel-Gehegen, 6,5 Kilometern Spazierwegen und Stadtblick.

**Sehenswert:** Wer wissen will, wie die Wittelsbacher in Landshut nach dem Ende der Ritterzeit residierten, sollte sich die Stadtresidenz nicht entgehen lassen (montags geschlossen!). Der Renaissancebau könnte ebenso gut in Italien stehen – und hat etliche Kunsthistoriker zu der Vermutung veranlasst, einer der Großen der italienischen Kunst des Seicento könnte der planende Architekt gewesen sein: Giulio Romano. Virtueller Rundgang unter www.fh-landshut.de/vr/stadt_landshut/residenz/index.html.

# Alte Mär auf Wiedervorlage

## Wie Wiguläus Hundt in Burg Prunn im Altmühltal eine Handschrift des Nibelungenlieds entdeckt

*„Uns ist in alten maeren wunders vil geseit,*
*von helden lobebaeren, von grozer arebeit,*
*von freuden, hochgeziten,*
*von weinen und von klagen,*
*von küener recken striten*
*muget ir nu wunder hoeren sagen.“*

**M**an kennt sie - die Eingangsstrophen des Nibelungenlieds. Viel weniger bekannt ist der Mann, dessen politische Umtriebigkeit, dessen Neugierde und dessen Glück dazu führten, dass eine Version der wohl berühmtesten mittelalterlichen Dichtung schon 300 Jahre vor Wagner wiederentdeckt wurde.

**Hoch über der Altmühl** thront Burg Prunn, der Inbegriff einer bayerischen Ritterburg.

Wir schreiben das Jahr 1567 – vermutlich zumindest, das Datum ist umstritten. Die Zeit der Ritter und der Burgen ist vorbei. Wiguläus Hundt von Lauterbach, Jurist und Kanzler des bayerischen Herzogs, ist als Historiker unterwegs. „Von den abgestorbnen Fürsten,

Pfalz-, March-, Landt- und Burggrauen, Grauen, Landt- und Freyherrn, auch andern alten adelichen Thurnier-Geschlechten deß loeblichen Fürstenthumbs in Bayrn" will er schreiben. Sein Weg führt ihn auch auf die hoch über der Altmühl gelegene Burg Prunn. Vielleicht ist es in diesem Fall weniger das historische Interesse als die politische Notwendigkeit. Denn Pfleger auf Burg Prunn ist Reichsgraf Joachim von Ortenburg. Und der hat in seinem kleinen Ländchen gerade die Reformation eingeführt – sehr zum Unwillen des bayerischen Herzogs Albrecht. Hundt will vermitteln, will den Konflikt entschärfen. Das gelingt ihm zwar nicht – dafür aber auf Burg Prunn eine sensationelle Entdeckung: eine Handschrift des im 13. Jahrhundert entstandenen Nibelungenlieds. „Liber in pergamento scriptus – ein Buch, das auf Pergament geschrieben ist", wie Wiguläus Hundt später erzählt. Reichsgraf Joachim schenkt es dem Historiker und Emissär. Und der übergibt es der herzoglichen Bibliothek. Als „Prunner Codex" ist die Handschrift noch heute, rund 450 Jahre später, im Besitz der Bayerischen Staatsbibliothek.

Wiguläus Hundt entstammte selbst einem alten bayerischen Adelsgeschlecht, das aus dem Pinzgau eingewandert war. Er studierte in Augsburg, Ingolstadt und Bologna und erhielt bereits mit 23 Jahren eine Stelle als Ordinarius an der Ingolstädter Universität. 1540 berief ihn Herzog Wilhelm V. in den Hofrat. Hundts Geschichte des Erzbistums Salzburg sowie sein „Bayrisches Stammen-Buch" leisten noch heute Mittelalter-Historikern gute Dienste. Hundt wurde als Erbe von Burg Lauterbach bei Dachau (wo heute noch Nachkommen von ihm leben) allerdings

**Eine Mär von alten Recken**: Auf Burg Prunn entdeckte Wiguläus Hundt eine Handschrift des Nibelungenlieds.

nicht dort, sondern auf Burg Kaltenberg geboren. Später erwarb er die Wasserburg von Sulzemoos, die damals gerade im Stil der Zeit in ein
Renaissance-Schloss umgewandelt wurde. Wer
von München aus auf der Autobahn Richtung
Augsburg unterwegs ist, kommt an den beiden

Herrensitzen vorbei. Lauterbach, auf einem Hügel über dem Rastplatz, wirkt auch heute noch wehrhaft. Das weiß getünchte Schloss kann seine mittelalterliche Herkunft nicht verleugnen: Wehrmauern, Türmchen, ein Graben ... Ein paar Kilometer weiter Sulzemoos. Angesichts ebenso zeit- wie stilloser Gewerbegebietsbauten muss man aufpassen, das Landschlösschen nicht zu übersehen. Ein bisschen düster wirkt die ehemalige Wasserburg, die vor 400 Jahren im Stil der Renaissance überformt worden ist.

Für die Geschichte des Rittertums ist Wiguläus Hundt vor allem durch seinen Handschriftenfund von Burg Prunn bedeutsam geworden. Kaum ein zweiter Wehrbau Altbayerns entspricht so sehr dem Idealbild einer mittelalterlichen Burg wie das hoch über der Altmühl auf einem Felsen aufragende Prunn. Kern und ältester Teil der Anlage ist der 31 Meter hohe Bergfried aus staufischer Zeit. Besonders eindrucksvoll ist die ehemalige Wachstube, die bei Führungen

**Bereits zur Zeit der Staufer** im 12. und 13. Jahrhundert beherrschte Burg Prunn das Tal der Altmühl.

**Die Wachstube von Burg Prunn.** Mittelalterliche Darstellungen bayerischer Burgen zieren die Wände.

besichtigt werden kann. Bei Restaurierungen des 20. Jahrhunderts kam dort die original bemalte gotische Decke zum Vorschein. An den Wänden haben sich Darstellungen bayerischer Burgen in Ocker und Rötel erhalten – frühe topografische Darstellungen aus der Zeit des Burgherrn Hans Fraunberger des Freudigen. Sogar die Löcher für die Balken, an denen die Burgwächter ihre Kleidungsstücke aufhängten, sind noch zu sehen. Richtig gruselig wird es dann in der Folterkammer. Auch wenn der Raum vermutlich zunächst als Burgkapelle und später als Vorratskammer diente. Der benachbarte Kerker immerhin ist authentisch. Nur ein schmaler Schlitz lässt ein bisschen Licht durch die romanischen Mauern.

Fast tausend Jahre ist es her, dass 1037 Burg Prunn erstmals in Urkunden erwähnt wurde. Dass sie heute als Inbegriff bayerischer Burgenromantik gilt, verdankt sie – wie könnte es anders sein – einem kunst- und traditionsbewussten Herrscher aus dem Hause Wittelsbach. 1827 ordnete König Ludwig I. an, das Gemäuer zu erhalten und zu restaurieren. Das wird seither immer wieder getan. Und so grüßt die Burg mit dem markanten rotweißen Pferdewappen von ihrem hohen Jurakalkfelsen aus Jahr für Jahr Tausende von Schiffspassagieren, die auf der Altmühl (oder dem, was die Kanalbauer davon übrig gelassen haben) unterwegs sind. Und von denen die wenigsten wohl wissen, dass dort droben, auf Burg Prunn, eine alte Mär jahrhundertelang auf ihre Wiedervorlage wartete. Bis ein Dachauer Graf mit einem merkwürdigen Namen kam ...

*Martin Bernstein*

**Das Gerichtszimmer** von Burg Prunn. Vielleicht saß Wiguläus Hundt an diesem Tisch ...

Burg
Randeck

Essing

Anlegestelle Essing

Main–Donau–Kanal

Schloss Prunn

Anlegestelle
Prunn

500 m

N

# Prunn

**Anfahrt:** Seit den Zeiten Ludwigs ist Kelheim ein wenig ins Abseits geraten. Der Zug von München aus endet bereits in Saal an der Donau. Mit dem Auto erreicht man die Stadt an der Mündung der Altmühl in die Donau über die A 93.

**Öffnungszeiten:** Burg Prunn ist täglich außer montags geöffnet. Von April bis September, 9 bis 18 Uhr (letzte Führung 17 Uhr), von Oktober bis März 10 bis 16 Uhr (letzte Führung 15.30 Uhr). Am Faschingsdienstag sind keine Führungen, ebensowenig an Silvester und Neujahr, am Heiligabend und am 1. Weihnachtsfeiertag.

**Wanderung:** Von Kelheim aus mit dem Schiff (www.schiffahrt-kelheim.de) nach Essing. Zu Fuß auf halber Höhe unterhalb von Burg Randeck Richtung Prunn. Nach der Besichtigung auf dem gleichen Weg zurück oder weiterwandern bis Riedenburg (Burg Rosenburg) und von dort mit dem Schiff zurück. Schiffsanlegestelle auch in Prunn.

**Einkehr:** „Weisses Brauhaus" in Kelheim, die älteste Weißbierbrauerei Bayerns (seit 1607). Mit weitläufigem Biergarten, Tel. 09441/3480.

**Sehenswert:** Die Befreiungshalle in Kelheim wurde 1863 zur Erinnerung an den Sieg über Napoleon eingeweiht. In der Stadt Archäologisches Museum mit Funden von der Steinzeit bis ins Mittelalter (www.archaeologisches-museum-kelheim. de). Die Stammschlösser von Wiguläus Hundt, Lauterbach und Sulzemoos im Landkreis Dachau, sind in Privatbesitz und können nicht besichtigt werden. In Lauterbach finden manchmal Schlosskonzerte statt (www.schloss-lauterbach.de).

# Entdecken Sie Bayern
## von seiner schönsten Seite

Jetzt im Handel
oder unter
www.sz-shop.de
erhältlich

Römerpark, Ritterburg und Schaubergwerk: Bayerns Geschichte ist so lebendig, dass sie auch Kindern Spaß macht. Besonders, wenn es spannende Geschichten zu erzählen gibt. Zwölf Familienausflüge zwischen Salzach und Tauber, Naab und Iller.

**Römer, Ritter, Abenteuer**
Ausflüge mit Kindern in die bayerische Vergangenheit
von Martin Bernstein und Daniela Wilhelm-Bernstein
192 Seiten
€ 9,90 (D)/ € 10,20 (A)/ SFr 18,10
ISBN 978-3-86615-447-6

# Alle Titel auf einen Blick

- **Auf Königswegen und Schmugglerpfaden**
  Wanderungen in den Münchner Hausbergen

- **Römerstraßen und Kultplätze**
  Archäologische Wanderungen

- **Schätze von nebenan**
  Museumsspaziergänge rund um München

- **In Gottes Namen**
  Ausflüge zu Bayerns Heiligen

- **Rosenduft und Labyrinthe**
  Historische Gärten und Parks rund um München

- **Auf Hirtenwegen und Wildererspuren**
  Wanderungen in den Münchner Hausbergen 2

- **Weiß-blaue Strände**
  Die Lieblingsseen der Münchner

- **Spuren im Schnee und Wege zum Wandern**
  Rund ums Jahr durch das bayerische Oberland

- **Klosterbräu und Tafernwirt**
  Historische Wirtshäuser rund um München

- **Römer, Ritter, Abenteuer**
  Ausflüge mit Kindern in die bayerische Vergangenheit

- **Auf Bike und Steig zu fernen Gipfeln**
  20 kombinierte Berg- und Radltouren in Oberbayern und Tirol

- **Genießen und entdecken**
  Die besten Ausflug-Tipps für Südbayern

- **Jennerwein und der schöne Toni**
  16 Wanderungen auf den Spuren bayerischer Wildschützen
  und Jäger

- **Glanz und Gloria**
  Leben auf oberbayerischen Adelssitzen. 15 Ausflüge

- **Dem Winter auf der Spur**
  Zehn schneesichere Loipen zwischen Ettal und Achensee

- **Auf winterlichen Wegen zu weißen Gipfeln**
  18 Wandertouren mit und ohne Schnee in den Münchner Hausbergen

Jetzt im Handel
oder unter
www.sz-shop.de
erhältlich